マーケティング
ブック

小川純生 ［著］

創 成 社

目次

本書『マーケティング・ブック』の使用方法

第1章 マーケティングの基本的知識 —— 1

1. マーケティングの機能 …… 2
2. マーケティングの定義 …… 7
3. マーケティングの範囲 …… 10

第2章 企業組織 —— 17

1. 企業組織 …… 18
2. 企業の使命（CI） …… 19
3. 経営資源：人、モノ、カネ、情報 …… 20
4. SWOT分析、経営目標、マーケティング目標 …… 33

第3章 マーケティング・ミックス —— 61

1. マーケティング・ミックス ……… 62
2. プラスのシナジー効果 ……… 65
3. 戦略と戦術 ……… 66

第4章 製品戦略 —— 69

1. 製品の意味 ……… 70
2. 製品差別化 ……… 74
3. 製品ミックス（企業のもち駒）……… 76
4. 製品ライフサイクル（製品の寿命）……… 81
5. イノベーションの採用者カテゴリー ……… 89
6. ポートフォリオ分析 ……… 91
7. ブランドとブランド・ロイヤルティ ……… 102

第6章 流通チャネル戦略 133

1. 流通チャネルとは ... 134
2. 流通チャネルの機能 ... 136
3. 流通チャネルの経済的効果 ... 138
4. 流通チャネルに関する意思決定 ... 141
5. プッシュ戦略とプル戦略 ... 148
6. 小売業態に関する理論 ... 150

第5章 価格戦略 107

1. 企業と消費者の価格にたいする視点の違い ... 108
2. 消費者の価格にたいする認知 ... 109
3. 価格決定 ... 113
4. 価格決定の意味 ... 121
5. 価格戦略 ... 124
6. 価格戦術 ... 127
7. 価格と製品品質の組合せ戦略 ... 130

第7章 プロモーション戦略（コミュニケーション戦略）── 155

1. プロモーションとプロモーション・ミックス ……… 156
2. 広告活動 ……… 162
3. 販売促進活動 ……… 174
4. 人的販売活動 ……… 176
5. パブリシティ活動 ……… 181
6. 市場調査 ……… 184
7. 川下からの情報収集 ……… 190

第8章 消費者行動 ── 193

1. 消費者行動とは ……… 194
2. 消費者意思決定プロセス ……… 198
3. 消費者特性要因 ……… 217
4. 消費者行動の外的影響集団 ……… 228

あとがき　235
謝辞　237
索引　i

本書は、初めてマーケティング論を学ぶ人のための本です。

本書『マーケティング・ブック』の使用方法

1. まず本書をレジに持参し、購入する。
2. すぐに本書を書店の袋から出す。
3. 出した本書の両側を両手で握り、キュッキュッっと内側に適度に丸める。
4. そして、そのままお尻のポケットに無造作に突っ込む。
5. 駅に向かい、電車に乗る。
6. カバンを網棚に載せ、おもむろにポケットの『マーケティング・ブック』を取り出す。
7. つり革にしっかりとつかまり、軽い気持ちで読み始めてください。

第 1 章

マーケティングの基本的知識

1. マーケティングの機能
   (1) マーケティング概念の原点
   (2) マーケティングの現代的課題
2. マーケティングの定義
3. マーケティングの範囲
   (1) 企業組織　　(2) マーケティング・ミックス
   (3) 消費者　　　(4) 諸概念の関係

マーケティング範囲の図

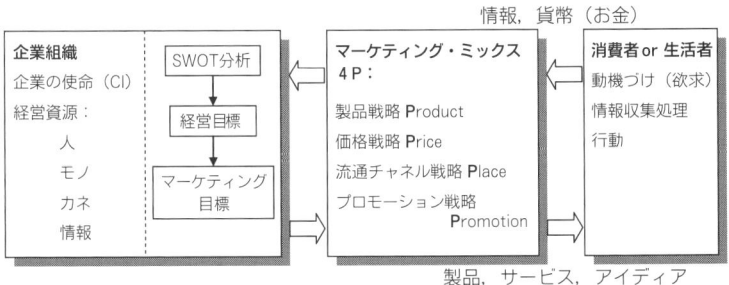

1. マーケティングの機能

マーケティングはわかったも同然である。
学ぶことはこの図表に含まれる概念だけである。逆に表現すると、この図が理解できれば、本書を通じて学ぶことのすべてが含まれている。トは、前ページの「マーケティング範囲の図」である。この図にこれから供給することである。第1章、そして本書全体を通じて最も重要なポイン第1章の目的は、マーケティングを学ぶにあたっての最低必要な知識を

（1）マーケティング概念の原点

マーケティング概念の原点は、生産数量（能力）と販売数量（能力）の間のギャップをなくすということにあった。18世紀イギリスに端を発する産業革命により、工場制機械工業の導入により技術の連続的な革新が行われると、モノの生産が飛躍的に伸びた。ガルブレイス※の言うように、それ以前は、「モノのない状態」「貧しい状態」が通常状態であった。そのような状態においては、「モノ」が適度な価格で売られるならば、作れば作るだけ「モノ」は飛ぶように売れた。したがって、生産者はより一層、技

※J・K・ガルブレイス (John Kenneth Galbraith 1931年～2006年)
身長2メートルを超えた超・有名な経済学者。『ゆたかな社会』の著書と同時に『新しい産業国家』『不確実性の時代』の著者でもある。一般常識として、名前と著書は覚えておこう。ジョーン・ケネス・ガルブレイス著、鈴木哲太郎訳『ゆたかな社会』決定版（文庫）、岩波書店、2006年 (John Kenneth Galbraith, The Affluent Society, Fourth edition. Boston : Houghton Mifflin Company, 1984)。
写真出所：http://www.afpbb.com/article/life-culture/life/

術革新に励み、さらに生産効率を上げ、次々に「モノ」を作り、生産数量を拡大した。

一方、生産ではなく消費の側では、そのような消費を飛躍的に向上させるような技術革新、あるいは消費状況は同時に進行していなかった。つまり、一方的に生産の側が大量生産へと移行しても、消費の側の消費に関する革新、あるいは必然性や大きな意識変化がなければ、消費量は貧しい状態をしのぐほどには増えるが、それ以上は容易に増えなかったのである。生産は幾何・級・数・的に伸びるが、消費は算術級数・的にしか伸びないという状態であった。

この状態において、生産と消費の間に数量的ギャップが存在したのである。このことを解消する意図をもってマーケティングという発想、概念が生じた。そのための方法論として、企業において偶然に「出来てしまったモノ」を売ろうとするのではなく、消費者にとって「必要なモノ、欲するモノ」、すなわち消費者にとって適切な品質機能をもったモノを、適切な数量、適切な時期、適切な場所において、消費者に供給しようということが考えられはじめたのである。この時点において、**生産の出発点が生産者にあるのではなく消費者にあることを認識したのであった**。上述の展開が、

3　第1章　マーケティングの基本的知識

まさにマーケティング概念の出発点である。

（2）マーケティングの現代的課題

　企業と消費者の間の良好な関係の構築が、現代の最も重要なマーケティングの課題である。そこにおいての必須要件は、企業と消費者の間のコミュニケーションである。

　生産の側の技術革新、機械化による大量生産が普及し、販売も軌道に乗ると、大量に生産した製品を大量に売りさばく、すなわち、多くの消費者に買ってもらうことになる。多くの消費者への販売は、地域的に限定された消費者だけでなく広域的に広く分布した消費者へも販売していかなければならない。その結果、必然的に企業と消費者の間にいわゆる中間業者（卸し売り業者、小売店その他）が入ってくる、入らざるを得ない。

　そして、この大量生産と大量販売につれて、企業は巨大化する。この企業の巨大化は、相対的に消費者の矮小化をもたらす。企業は、多くの消費者を同時に大量に扱うために、個々の消費者の差異を無視して、消費者を一括して均一的に扱うことになる。巨大化した企業にとっては、個々の消費者は小さな「アリ（蟻）」のような存在に見えてしまう。一方、消費者

は、企業規模が大きくなるにつれ、生産「者・」という「人・」を相手にしているのではなく、生産「企業・」という巨大化した「組織・」を相手にしているように感じる。あたかも、巨人 vs 小人である。そして、企業組織は、匿名性を帯びている。消費者が企業に呼びかけよう、働きかけよう、苦情を言おうとしたとき、何をどこに、誰に、言ったらよいかわからない。内部で働いている人が、誰だか、どんな性格で、どんな価値観をもっているのかわからない、「組織」という名のもとに人格が隠れ、消費者は得体の知れない実体と向き合っていることになる。それは、極論すると、一種の恐れをもって企業と対応することになる。このように中間業者の介在、企業の巨大化は、企業と消費者の間の直接的接触の機会減少、情報の正確かつ迅速な交換の阻害、情報交換の欠如・曲解をもたらす。

このことは、まさに企業と消費者の間にコミュニケーション・ギャップが生じることを意味する。企業は多くの消費者にたいして、個別にきめ細かく対応するのではなく、大まかに大胆に対応することになる。それは、まさに人と人との間の関係のように、見知らぬ人同士の関係のように、そこに誤解、信頼感の欠如が入り込み、互いを思いやらない企業と消費者の関係が生じることになる。この関係を、知人同士のような良好で親密なも

5　第1章　マーケティングの基本的知識

のにしなければならない。そのためには、両者の情報交換、情報交換の頻度・内容を高めていかなければならない。それは、あたかも人と人がコミュニケーションするように、企業と消費者の間において真心のこもった、誠意をもったコミュニケーション関係を構築するのである。その役割は、基本的には企業側が担わなければならない。それが、強者の役割である。

ここに、現代的な意味におけるマーケティングの役割が存在する。企業と消費者の信頼関係を形成し、維持することが、現代的な意味におけるマーケティングの最重要課題である。再度述べると、企業と消費者の間のコミュニケーションをスムーズに行うことが、現代的な意味におけるマーケティングの最も重要な役割である。

企業と消費者の間でスムーズなコミュニケーションができれば、良好な関係が出来上がる。そして、この良好な関係が出来上がれば、あたかも企業と消費者の間には、友人同士のような関係ができる。友人同士、あるいは知り合い同士の間においては、相手の嫌がることは決してしない、そして相手がして欲しいと思うことを自ら進んでしようと考える。この関係がまさに求める関係である。そして、この関係をしっかりと構築することは、利害関係者である従業員、株主、関連企業との良好な関係の構築、そして

競争企業、さらには地域社会、地球環境との間にバランスの取れた良好な関係へとつながる。マーケティングとは、企業と消費者の間のスムーズなコミュニケーション関係の構築である。

2. マーケティングの定義

2007年に改定された全米マーケティング協会（AMA：American Marketing Association）の定義を見てみよう。

Marketing is the activity, set of institutions, and processes for creating, communicating, delivering, and exchanging offerings that have value for customers, clients, partners, and society at large.

『マーケティングとは、顧客、依頼人、パートナー、そして社会全体にたいして価値のあるものを創造し、コミュニケートし、引き渡し、交換を達成するという活動である。それは一連の制度（規則、やり方）であり、プロセスでもある。』（筆者訳）

上記の定義の重要なポイントは、「活動（activity）」、「社会全体（society

7　第1章　マーケティングの基本的知識

第一の重要なポイントは、マーケティングとは、「コミュニケート」の3つである。at large)にたいして価値のあるもの」、「コミュニケート」の3つである。マーケティングとは、物理的に実在するモノではなく、「活動」そのものとして存在するということである。それは単体の活動ではなく、一連の制度（規則、やり方）が集合したものであり、かつ、それらがうまく組み合わさったものとして全体的に機能するプロセスとして実現するものである。それは好き勝手に組み合わされたものでなく、目的に向けて効果的・効率的に組織化されたものでなければならない。

「社会全体にたいして価値のあるもの」とは、企業と消費者、そしてそれに関わるすべての関係者、地域社会、地球全体の利益という意味である。すべての関係者が平等公平に利益をいずれかひとつに偏る利益ではなく、すべての関係者が平等公平に利益を分かち合うという意味である。企業は利潤※、消費者は効用・満足、株主は配当、地域社会は無公害・良い住環境、地球全体としては自然環境の保護・維持などである。そして、そこには、企業あるいは株主にたいする金銭的・短期的な価値の還元のみを優先するのではなく、長期的な価値・視野をもつべきであるという含意がある。

「コミュニケート」とは、企業と消費者、そしてそれに関わるすべての関係者その他との不断の情報交換である。企業側から発するだけでなく、

※「利潤」の意味

経営学者として有名なドラッカー（P.F.Drucker）は、「利潤」のことを「未来費用」あるいは「未来資本」という言葉で表現している。利潤は、企業の未来の活動のための必要費用資本であり、それがうまく企業の未来の活動のために投資されるならば、企業活動、消費者にとってプラスの効果をもたらす。

企業活動の結果として得られた利潤が、生産設備や従業員の仕事環境に適切に投資されると、生産性の上昇・事務の効率化、そして同時に従業員の快適性増大などがもたらされる。それは何よりも、「コストの削減」につながり、より低価格の製品の提供、あるいは、より良い機能をもった製品の提供が可能となる。

「利潤」という言葉は、何かしらあまり良いイメージをもたれていないが、それは企業にとっても、消費者にとっても必要なものである。企業

企業外部から発信された情報を効果的・効率的に受信することである。通常、企業側からの情報発信は、頻繁にプロモーションの一環として広告、イベント、人的販売促進等により、マスメディアその他を通じて行われる。

一方、消費者その他の側からの情報発信は、受動的で何か問題が生じたときに発されるのが通常である。コミュニケーションの前提は情報交換である。このことを考慮すると、企業側が、いかにうまくスムーズに消費者その他の側からの情報発信を受信し、しかも情報のもれ、歪曲、誤解、遅れなしに受信できるかが重要なこととなる。日常的に消費者が考えていることと、欲していることをうまく察知できることが必要である。

上記のことを、組織的にかつ機能的にプロセスとして行うのがマーケティングである。

マーケティングの定義に関して、下記のホームページで確認してみてください。

全米マーケティング協会ホームページ http://www.ama.org/

日本マーケティング協会ホームページ http://www.jma-jp.org/

は、「未来費用」を獲得する義務がある。

P. F. ドラッカー著、犬田充・村上和子訳『マネジメント』自由国民社、1975年、126〜128ページ (Peter F. Drucker, *Management-tasks, responsibilities, practices*, Harper & Row, 1974)。

※P. F. ドラッカー (Peter Ferdinand Drucker 1909年〜2005年)
オーストリア生まれの経営学者・社会学者で、『現代の経営(上・下)』(ダイヤモンド社、1965年)の著者である。日本におけるマネジメント・ブームの立役者の1人で、最も有名な経営学者の1人である。
写真出所：http://nevrris.seesaa.net/archives/200102-22.html

3. マーケティングの範囲

マーケティングが関わる領域は、「図表1－1 マーケティング範囲の図」に描かれている諸概念が、全体的な対象領域である。この図表に書かれている概念とその関係がわかれば、マーケティングは理解できたも同然である。

(1) 企業組織

企業組織とは、社会の中において製品、サービス、アイディアを消費者に供給し、経済的価値にもとづいて、その対価を貨幣という形式で消費者から得ている組織形態のことをいう。

自動車会社は物理的な財である車製品の提供、家電メーカーはテレビや冷蔵庫その他の家電製品の提供、美容院はカット、パーマ、カラーリングのサービス提供、警備会社・ガードマンは安全というサービス提供、病院は医療サービス、健康の提供、弁護士、コンサルタントは依頼者の必要としている専門知識やアイディアの提供、広告会社はキャッチコピーや広告

10

図表1-1　マーケティング範囲の図

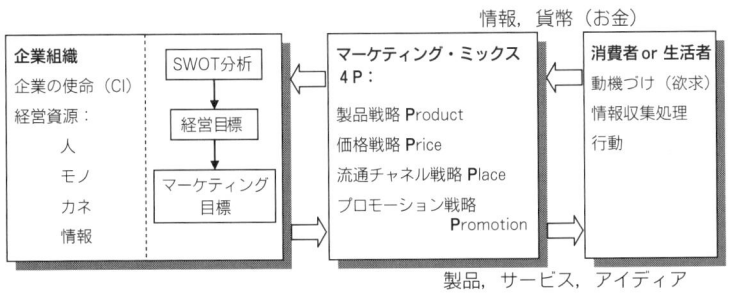

その他関係要因：株主，関連企業，競争企業，地域社会，地球全体

アイディアの提供を行っている。本なども物理的な形式をもっているが、アイディアの提供といえる。

ＣＩ（コーポレイト・アイデンティティ：Cooperate Identity）とは、社会システムにたいして、企業がどの部分において貢献しようとするのかを示したものである。企業の社会にたいする「使命」、「役割」である。個々の企業組織は、無限の資源をもつわけではなく、有限に限定された資源をもつことになる。したがって、その活動は有限の範囲内に限定せざるを得ない。そこにおいて、社会にたいしてすべての領域にたいしてではなく、特定の領域にたいして特定的に貢献しようとすることを明示的に示したものである。

企業の資源とは、人、モノ、カネ、そ

して情報である。人は企業で働いている人たち、従業員を指す。モノは企業が所有・使用している物理的実体、土地、建物、生産設備、事務機器その他である。カネは企業が所有・使用している資金全般、すなわち現金、預金、債権、借入金等を指す。情報は企業が所有・使用、そして関係している専門知識、すなわち組織運営や戦略構築を行うための知識、製品開発・生産・販売のノウハウ、そして消費者に関わるデータ等を意味する。

〈SWOT分析〉

SWOT分析とは、企業組織自体の強みと弱み、環境の好機と脅威を知るための手続きのことをいう。S：Strengths（強み）、W：Weaknesses（弱み）、O：Opportunities（好機）、T：Threats（脅威）。企業の強みと弱みは企業の内部的な問題である。一方、環境の好機と脅威は企業の外部的な問題である。

〈経営目標〉

経営目標は、一般的に抽象的な表現で示されている企業の使命（CI）を経済的な言葉で置き換えることである。企業自身と環境のSWOT分析

をもとにして、企業の使命（CI）と消費者あるいは生活者の欲求とを突き合わせることによって、具体的な経営目標が作られる。次年度、売上高800億円、経常利益50億円などのようにである。

〈マーケティング目標〉

経営目標が、金銭的、あるいは経済的に表現されるのに対して、マーケティング目標は、市場に関係づけて表現される。それは、経営目標の売上高にたいして、市場シェア、ターゲット市場などの術語で示される。たとえば、経営目標が年間800億円の売上高であるならば、それを達成するために市場シェアとして30％の市場シェア獲得、そしてターゲット市場は、50代以上の富裕層を狙うというものである。

（2）マーケティング・ミックス

企業は、考えることのできるあらゆる手段を尽くして消費者に働きかける。これらの数限りない消費者への働きかけのことを一括してマーケティング・ミックスという。これら消費者への働きかけのマーケティング手法は非常に多くの種類があるが、それらを4つの大項目にまとめたものが

経済学と経営学の違い

経済学とは、社会において物質的・非物質的生活資料の生産と交換に関わるものごとを研究するものである。そこにおいて、みんなが幸せ（経済的に豊か）になるにはどうしたら良いかを考えるのが経済学である。みんなとは、経済全体、日本全体、あるいは世界全体という意味である。みんなではなく、個々の存在1つ1つ（主に企業）が、幸せ（経済的に豊か）になるにはどうしたら良いかを考えるのが経営学である。

13　第1章　マーケティングの基本的知識

$$4P \begin{cases} \text{Product：製品戦略} \\ \text{Price：価格戦略} \\ \text{Place：流通チャネル戦略} \\ \text{Promotion：プロモーション戦略} \end{cases}$$

いわゆるマーケティング・ミックスの4Pといわれるものである。

ここでは、マーケティング・ミックスを便宜上、4Pという形式で、4つの項目に分類しているが、これはあくまでも便宜上ということで、4つ以外に2つ、3つ、あるいは5つ、6つ、7つ、8つ、……、それ以上でも構わない。この分類の数は、説明の便利さ、わかりやすさに依存して決まってくる。分類が1つでは、一括過ぎて単純過ぎてわかりづらい、一方、分類が20や30以上になると、分類が多すぎて複雑すぎてわかりにくくなる。私たちが理解しやすい適度な数の分類が望ましい。そのように考えると、まあ4つでも、5つでも、6つでも、いずれでも良いかなと思われる。本書では、巷のマーケティング書の大多数が採用している4Pという4つの分類を採用しておくことが無難かな、という意味で4分類の4Pによるマーケティング・ミックスで説明を行う。

経営学とマーケティングの違い

経営学とマーケティングの研究対象は同じで、両者とも企業と消費者を扱っている。基本は同じである。違いは、研究の重点の違いだけである。経営学は、その研究対象の重点が、「企業」そのものに置かれている。一方、マーケティングは、その研究対象の重点が、「消費者」に置かれている。経営学の研究分野では、経営組織、財務管理、労務管理、経営戦略などの名目の下に行われ、その研究の重点が組織内に置かれたものが主である。一方、マーケティングの分野では、製品戦略、価格戦略、プロモーション戦略、流通チャネル戦略、消費者行動論などがその主な研究分野となっており、より消費者、市場に近いものが強く意識されている。

14

(3) 消費者

消費者（consumer）とは、市場に存在する製品、サービス、アイディアを購買、使用・消費する人、もしくはそれをこれから検討する人、検討している人、あるいはすでに検討した人々である。生活者とは、今現在、直接の企業の取り引き相手ではないが、時間的・空間的にいつか、何らかの形で企業活動に影響を与え、与えられる人々をいう。潜在的消費者ともいえる。**マーケティングの原点は、消費者あるいは生活者にある。**企業は消費者に製品を購買してもらうことによって収入を得ることができる、一方消費者は、製品を購入することにより、あるいは消費または使用することにより欲求の充足を得ることができる。消費者行動には、個人を行動に駆り立てる欲求にもとづいた動機付け過程、それを満足させるために、製品、サービス、アイディアの購入や使用・消費を意図し検討する個人の情報収集処理過程、そして購買あるいは非購買という顕在的行動がそこに含まれる。

(4) 諸概念の関係

上記に示した概念間の関係は下記のようになる。まず何よりも、消費者、

マーケティング（Marketing）概念と販売（Selling）概念の違い

〈マーケティング概念は消費者が出発点〉
① 消費者のニーズを察知する
② そのニーズにあった新製品を創る
③ それを消費者に供給する

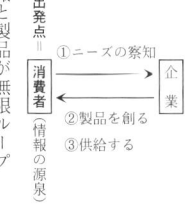

出発点＝ 消費者（情報の源泉）
① ニーズの察知
② 製品を創る
③ 供給する
企業

情報と製品が無限ループ

消費者から情報を取得し、その情報をもとに製品を開発し、消費者に供給する。市場導入後、消費者の反応や売れ行きを確かめながら、さらに消費者情報を集める。それら消費者情報をまた、企業側への情報として吸い上げ、あらたな製品改良、新製品開発へと結びつける。情報と製品が無限に永遠ループするのである。

15　第1章　マーケティングの基本的知識

生活者がどんな生活をしているのか、何を考えているか、何を欲しがっているか、ということを企業は、あらゆる手段を尽くして察知する。そしてその情報にたいして、企業はその使命（CI）と使用可能な資源を突き合わせてみる。そこにおいて、当該企業のできること、できないことが明らかになる。企業ができそうな範囲内において、創造可能・生産可能な製品、サービス、アイディアを検討し、そして接近可能な消費者、ターゲット消費者を検討する。そして具体的なターゲット消費者を決め、それに向けた製品、サービス、アイディアを開発し創造する。その後、市場への導入を計画し、実行する。

この出来上がった製品を、いかにどのような手続きでもって、消費者にたいして訴求したらよいのかという計画を練る。ここで練られた計画の下に、具体的なマーケティング・ミックス戦略を立てる。これらが万事うまく行けば、流通チャネルを経由して消費者の手に、消費者の欲する製品、アイディア、サービスが到達することになる。

〈販売概念は企業が出発点〉
① 研究開発（R&D）に励む
② 研究開発をもとにそこから新製品を創る
③ それを消費者に売り込む

出発点＝企業（情報の源泉）

消費者
① 研究開発
② 製品を創る
③ 売り込む

情報と製品が結びつかない研究開発をもとに生み出された新製品を市場に導入する。市場導入後は、売上げ数量の情報を集めるくらいである。次の新製品は、やはり研究開発（R&D）を原点にして創りあげる。

16

第 2 章

企業組織

1. 企業組織
2. 企業の使命（CI）
3. 経営資源：人，モノ，カネ，情報
   - （1）人　　　　　（2）モ ノ
   - （3）カ ネ（資金）（4）情 報
4. SWOT分析，経営目標，マーケティング目標
   - （1）SWOT分析　（2）経営目標
   - （3）マーケティング目標

マーケティング範囲の図

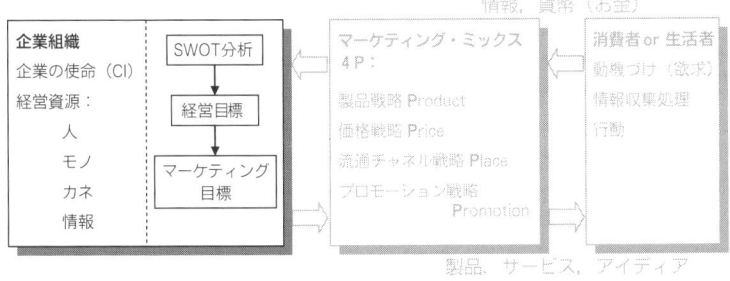

本章では、企業組織とそれに関わる経営資源に関して説明する。最初に、企業組織とは何かということに触れる。そこでは、企業組織の定義を述べ、そして現実の組織の種類に言及し、社会の中の存在としての企業の使命（CI）を考察するという手続きをとる。経営資源に関しては、企業組織が所有・使用する人、モノ、カネ、情報について言及する。

1. 企業組織

企業組織とは、社会の中において製品、サービス、アイディアを消費者に供給し、経済的価値にもとづいて、その対価を貨幣という形式で消費者から得ている組織形態のことをいう。

通常、社会の中に存在する現実の組織は、営利組織と非営利組織に分けられる。組織がお金儲けを主たる目的（あるいは出資者への企業利益の分配を目的）とする場合には営利組織（普通、会社あるいは企業と呼ぶ）、そしてそれを主たる目的としない場合、すなわち、利益を追求するのではなく、消費者あるいは一般の人にたいして効果的・効率的に便益を提供することを主たる目的としている組織を非営利組織（多くは公共の諸組織）と呼称す

組織とは
組織概念の基本的特性を述べると下記のようになる。
①複数の個人および集団から構成されている。
②特定の目的・目標の達成を志向している。
③機能が分化しており、かつそれらは合理的に調整、方向づけがなされている。
④ある一定期間以上存続する継続性をもっている。

（城戸康彰執筆「組織の概念と経営組織論」の項目より、中垣昇・友杉芳正編著『経営会計ハンドブック』八千代出版、1986年、33ページ）。

18

る。たとえば、自動車会社や家電メーカー、百貨店、スーパー、コンビニ、銀行、商社などは営利組織である。一方、学校、病院、役所、図書館、財団法人、宗教法人などは非営利組織である。

2. 企業の使命（CI）

　企業の使命とは、社会システムにたいして、企業がどの部分において貢献しようとするのかを述べたものである。そこにおいて、CI（Corporate Identity：コーポレイト・アイディンティティ）とは、その使命を企業内そして企業外の人々にたいして、わかりやすく示すことである。換言すると、それは企業の使命を顕在化させることである。世の中には今現在、さまざまなタイプの企業組織が出現し、その存在目的・意義が多様化している。また個々の企業組織自体が大規模化し、外部の人々はもちろん企業内部の従業員も当該企業の目的、社会にたいする役割あるいは貢献部分が不明瞭となっている。これらのことを克服するために、組織が何なのか、何のために存在しているのか、ということを明確化しようとするものである。その方法は、次の枠の中に示されているような言葉で表現されるキー・ワー

3. 経営資源：人、モノ、カネ、情報

ホンダ	「The Power of Dreams」
キリンビール	「おいしさを笑顔に」
ローソン	「マチのほっとステーション」
コクヨ	「ひらめき，はかどり，ここちよさ」
東芝	「Leading Innovation」
SECOM	「信頼される安心を，社会へ」

これらの言葉による表現に加えて、企業の所有している本社ビル、工場、店舗、車、従業員の制服、バッチ、ロゴ、マーク等々もすべてその一環と考える必要がある。この企業の使命は、一般的には抽象的に表現されているので、それぞれの実行レベルにおいて具体化する必要がある。すなわち、それを支える各マネジメント・レベルでの目標に再定義するのである。

ドを中心にさまざまな形で表現される。

(1) 人

企業内における人について述べるために、①組織マネジメントとしての

20

人材、②新製品開発の人材という視点から記述する。

(1)-1 組織マネジメントとしての人材

組織内の人々をトップ・マネジメント、ミドル・マネジメント、ロワー・マネジメントの3つの経営階層に分けて説明すると、それぞれが下記のような役割、能力をもつことが望まれる。

企業組織においてトップ・マネジメントと呼ばれる層は社長、副社長、そして専務が一般に含まれる。ときには会社の規模によっては、常務や部長もその中に含めることもある。トップ・マネジメントの機能・役割は、企業の方向付けと管理の2つである。創業時においては、企業を強引に引っ張っていくパワー、いわゆる「企業家精神」（アントレプレヌールシップ entrepreneurship＝経済学者J．B．セイ※が創った用語、もともとはフランス語）という言葉で表現される能力が特に必要とされる。しかし、次第に企業規模が拡大し、安定していくにつれ、方向付けと管理が重要なトップ・マネジメントの機能・役割となってくる。方向付けとは、「われわれのビジネスとは何か、どうあるべきか」を考えることであり、それは短期的な視野ではなく長期的な視野のもとに企業の将来的な方向付けを行うのである。

※J．B．セイ（Jean Baptiste Say 1767年〜1832年）フランスの経済学者、実業家。「供給はそれ自身の需要を創造する」というセイの法則で、よく知られている人物である。

写真出所：http://f4fs.org/great-austrian-economist-jean-baptiste-say/

21　第2章　企業組織

管理とは、組織をうまくまとめ維持してゆくことであり、さらには社会システムとの良好な関係を作るということも含まれる。いわゆる「管理者的」能力が必要とされる。

ミドル・マネジメントと呼ばれる層は、常務、部長、課長などから構成されている。これらの人々の仕事は、計画を立案し、組織し、統合し、測定することである。ミドル・マネジメントの仕事は、まさに上役と部下の両者に関係している。ミドル・マネジメントは、上役にたいしては、下から上がってきた部下の具体的な情報を上役に役に立つように要約・抽象化、伝達する。他方、部下にたいしては、上役から発せられた抽象的な指示・命令を具体的な仕事内容に変換して伝える。ミドル・マネジメントは、部下が効率的に働くために必要な用具、スタッフ、情報を提供することについて責任がある。

ロワー・マネジメントは、係長以下、主任、そして一般の従業員が含まれる。ロワー・マネジメントは、生産現場、販売現場等において実際の生産、販売を行う人たちである。それぞれの現場において、効果的・効率的に仕事ができる人材が揃っているかどうかが企業にとって大切なことである。

これらトップ・マネジメント、ミドル・マネジメント、ロワー・マネジメントの3つの経営階層がうまく配分され、仕事役割を機能的に分担し、それぞれがうまく結合して仕事を果たすことが必要である。

（1）－2　新製品開発の人材

新製品開発の人材は、企業の情報とも深く密接しているのであるが、消費者の求めるもの（新製品、サービス、アイディア）にたいして応じることができる人材の幅広さ（専門分野）が問題となる。

人材の幅広さ（専門分野）は、まさにどの分野の市場に参入できるのか、参入できないのかということである。それは、企業の保有している人材の得意とする専門分野がどこにあるのかということに依存する。たとえば、ライフサイエンス（医療や食料）に強い人材が豊富なのか、情報通信分野（コンピュータ、情報家電、ユビキタスネットワーク技術等）なのか、環境分野（生態系、自然・地球環境等）なのか、あるいはナノテクノロジー（超小型、超高速、超低消費電力の情報通信デバイス、人工臓器）なのか、複合材料素材（有機半導体、超鉄鋼、高機能チタン合金等）なのか、製造分野（ロボット、自動車、家電等）なのか、そしてエネルギー分野（燃料電池、水素エネルギー等、

太陽光発電、バイオマスエネルギー※）などのどの分野に得意の人材がいるのか、いないのかという問題である。

技術という視点ではなく、消費者の欲求という視点に立って、消費者がいま何を欲しているのか、何に不便を感じているのかということから、人材の幅広さ（専門分野）をとらえる考え方もある。消費者がいま求めていることが、食品・生命の安全なのか、健康なのか、老人医療・介護なのか、癒し、心地良さ、楽しさなのか、美しさなのか、おいしさなのか、驚きなのか、喜びなのか、等々の欲求にたいして適切に対処できる人材がいるのかいないのか、という問題である。これらの消費者の欲求のうちどの部分でとくに貢献できるのか。

これらの技術、消費者の欲求にたいして、企業の人材が、どの程度、それぞれの分野で研究を深めているのかが企業の重要な人資源である。製品技術、製品化ノウハウを培っているのかが企業の重要な人資源である。そこにおいてさらに、どの分野にたいしてどのような優秀な人材がいるのか、それを適材適所に配置しているのか、ということが大切である。もしもいなければ、新規に採用するか、あるいは育てるかしなければならない。深さに関しては、企業の恒常的な研究の蓄え

※バイオマスエネルギー
家畜排せつ物、木質系廃棄物、有機汚泥、食品廃棄物などの未活用バイオマスをメタン等の気体燃料やエタノール等の液体燃料など汎用性の高い燃料形態へ高効率で転換（ガス化、液化等）する技術にもとづくエネルギーのことをいう。

が必要である。それを行うのが、いわゆる研究開発（R&D、Research and Development）と呼ばれるものである。

(2) モ ノ

(2)—1 モ ノ

企業の所有しているモノは、土地、建物（工場、事務所、倉庫など）、生産設備、販売・購買諸施設、研究・技術実験室、原材料、エネルギー（石油、石炭、ガス、電気）、輸送機器（車、船舶、飛行機、ヘリコプター等）、什器、OAオフィスオートメーション機器（コンピュータ、コピー機、ファクシミリ等）、書籍・資料ファイル、文具などがあげられる。これらの企業の所有するモノは、それぞれが単体で存在するのではなく、相互に密接に関係している。モノとモノがうまく関係しあっているほど効率が上がる。

作ろうとする製品種類により、生産方法が異なり、建物と生産設備の様式が決まる。また、企業の位置（所有）する土地は、生産の側面に関して、立地上使用できるあるいは低コストで手に入れることができる原材料やエネルギーを規定する。また直接コストとは関係しないが、ある種の製品に関してはその品質に大きく影響を与える空気、水、光の善し悪しの程度を

規定する。したがって、それはそれらの影響を良い方向に保つために、建物と生産設備の様式にも影響する。また、市場との物理的・時間的距離を考慮して、倉庫の設備・立地が求められる。それらは企業の立地と共に異なった輸送方法を要求し、それに応じて在庫管理・配送システムが決まってくる。さらに生産や消費者の違いに応じて、異なった情報内容が必要とされ、異なった書籍・資料ファイルが必要とされる。その結果それらを管理するのにかなったコンピュータ、ＯＡ機器、什器等が求められることになる。

（2）—2　生　産

　人、モノ、カネ、情報の組み合わせにより、企業の売ろうとする製品、サービス、そしてアイディアが生み出される。その過程を生産と呼ぶ。

　そして、その生産においては、それらを単に生み出すだけではなく、効用の創造と価値の増殖がなされることが必要である。効用の創造とは、消費者の目的達成にたいして潜在的可能性を作り出すことである。したがって、作り出されたものを使用・消費することによって、そこから何らかの効果あるいは満足感が得られることを期待できるものであるとき、効用の

創造が行われたといえる。価値の増殖とは、付加価値（added value）と称されるもので、生産のために費やした費用より以上の価値を生み出すことである。すなわち、その製品を作り出すために必要であった諸費用合計（原価）よりも、高い価格で価格設定ができることである。

生産の問題としては、「何を」、「いかにして」、「どれだけ」作るのかが、主要関心事である。ここで問わなければならないのは、消費者の需要にたいして、現状の設備、人材、資金、そして過去の経験や研究成果をもとに、あるいはそれらの若干の変更で「何を」作ることができるのか？ そしてそれを「いかにして」効率的に生産できるのか？ そして「どれだけ」の量を作ることができるのか？ ということである。しかし、その中で「何を」と「どれだけ」の決定に関しては、マーケティングの問題として、トップ・マネジメントを含めた意思決定により市場調査等を参考にして決定される。生産の問題としては、残りの「いかにして」生産効率を上げていくのかということが主要関心事として残ることになる。

（3）カ ネ（資金）

企業のカネの管理（財務管理・活動）は、大きく分けてカネの調達と使

図表2-1 カネの調達と使用

```
・調　達
外部資本　　直接金融（株式，社債）
　　　　　　間接金融（金融機関：民間，政府系）
内部資本　　内部留保（利益の社内留保部分）
　　　　　　減価償却（設備取得のための期間配分部分）
```

```
・使　用
資本投資　　　　　長期的経済効果を目指したカネの支出
運転資金　　　　　通常の経営活動を行うためのカネ
現金（キャッシュ）余剰資金 → 短期金融資産へ運用される
```

用の2つから構成される（図表2-1）。企業はこの2つのカネの調達と使用、そしてそれぞれの中に含まれる諸活動をうまく組み合わせることにより、企業の経営活動を効率化することが可能となる。

カネの調達は、企業の外部の金融市場から調達する外部金融（外部資本）と企業自身の通常の活動から得られる内部金融（内部資本）の2つの方法がある。外部金融は、証券市場における株式、社債発行によってカネを調達する直接金融による方法、そして民間あるいは政府系の金融機関からカネを借りる間接金融の方法がある。民間金融機関は、都市銀行・地方銀行等の普通銀行、長期信用銀

※**機会費用（opportunity cost）**
経済的資源（財貨、労働、設備、材料など）を、いくつかある用途のうち、いずれかの1つに投入すると、必然的に他の用途の実現が断念される。そしてそのときに、もし、その断念された他の用途へその経済的資源が投入されたならば、どれだけの利益価値を生み出し得たであろうかということを算出する。その場合に、その断念された用途から得られたであろう期待利益を機会費用という。断念した用途が複数ある場合には、その中で最も利益価値の大きなものを指して機会費用とみなす。

ある弁当メーカーＡ社が幕の内弁当を生産、販売している。その幕の内弁当の原材料費に100万円を支出して

行・信託銀行等の長期金融機関、相互銀行・信用金庫・信用共同組合等の中小企業金融機関、農業共同組合・漁業共同組合等の農林漁業金融機関、生命保険会社・損害保険会社等の保険会社などがある。一方、政府系金融機関は、日本政策投資銀行（DBJ）・国際協力銀行（JBIC）等の銀行と日本政策金融公庫等の公庫がある。内部金融は、利益の社内留保部分からなる内部留保による方法、そして設備取得のための支出を期間配分した減価償却による方法がある。

カネの使用に関しては、資本投資、運転資金、そして現金の3つの方法がある。資本投資は、比較的長期的な経済効果を目指したカネの支出を指す。それは、企業の将来を左右する重要な意思決定である。投資を目的別に分類すると、①取替投資、②拡張投資、③新規投資に分かれる。運転資金は、日々の経営活動すなわち生産、販売、そして流通等における費用を賄うために用いられるカネである。現金は、キャッシュの形で社内に留保されているカネである。それが、過度に留保されることは、**機会費用（opportunity cost）**※の損失につながる。少しでも有効に利用しようと考えるならば、そして必要とあらばすぐに現金化できる可能性を考えるならば、余分と考えられる部分を、換金性の早い短期金融資産に投資することが行わ

いる。その幕の内弁当からもたらされる利益は現在20万円である。この状況において、新幕の内弁当を売り出そうという案が提出された。その原材料費も100万円で抑えられそうである。しかし、売り上げ数量が簡単に予測できない。より利益が得られる可能性もあるし、利益が減少する可能性もある。社長の決断は、従来の幕の内弁当でも20万円の利益が得られているので、あえて冒険せずに従来の幕の内弁当で行こうというものであった。ところが、他の競争メーカーB社が、A社の新幕の内弁当とほぼ同じ内容の幕の内弁当を売り出した。B社は、A社とほぼ同じ規模内容で、原材料費も同様と考えられる。そのB社は推定されるところ、その新幕の内弁当により40万円の利益を獲得したと思われる。この推定利益が事実であるならば、A社は40万円の機会費用を失ったことになる。

れる。具体的には、短期有価証券、譲渡性定期預金（CD）、または現物先物売買などがある。

（4）情 報

企業の情報管理として、戦略的情報システム SIS (Strategic Information System) という概念がある。それは、企業の戦略行動を情報面から支援し、競争優位に立つための経営戦略を実現する情報システムをいう。企業の経営の中では、さまざまなレベルで迅速に意思決定が行われる。それら意思決定に必要な情報を必要なときに必要な形で迅速に供給しなければならない。それを行うのが、この戦略的情報システムである。この戦略的情報システムは、非常に重要な概念で、企業内、企業間、そして企業と消費者間における情報交換を取り扱うものである。しかし、本論では、特に企業と消費者の間の情報交換について言及する。

企業と消費者の間の情報交換（両方向コミュニケーションの形成）は、企業から消費者へという情報の流れ、そして消費者から企業への情報の流れの2つの方向がある。ここにおいて特に重要になっているのが、消費者から企業への情報の流れである。

30

図表２−２　企業と消費者の情報交換

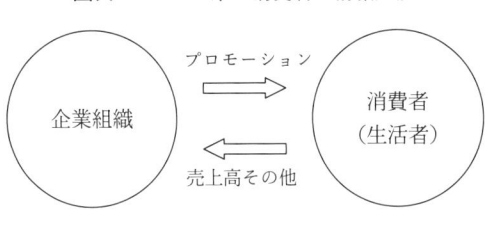

```
                 プロモーション
    ┌─────┐      ⇒      ┌─────┐
    │企業組織│              │消費者 │
    │     │      ⇐      │(生活者)│
    └─────┘   売上高その他    └─────┘
```

（４）−１　企業から消費者への情報（コミュニケーションメッセージ）の流れ

企業から消費者への情報の流れは、通常、マーケティング・ミックス4Pの中のプロモーション戦略によって行われる。a・広告活動（新聞、雑誌、テレビ、ラジオ、インターネット、ダイレクト・メール、屋外広告、電車の吊り広告など）、b・販売促進活動（陳列、プレミアム、値引き、コンテストなど）、c・人的販売促進活動（セールスマン、店員、キャンペーン・ガールなど）、d・パブリシティ活動などにより、企業の伝えたい情報を消費者へと伝達する。この企業側から消費者への情報の流れは、従来から恒常的にかつ積極的に行われてきた活動である。

（４）−２　消費者から企業への情報の流れ

消費者から企業への情報の流れは、e・製品の売

上高、f・POS（販売時点情報管理）情報、g・市場調査、h・顧客からの苦情などによってなされる。この中にあって、e・製品の売上高とf・POS（販売時点情報管理）情報は、いわゆる「1,0」のデジタル情報である。というのは、これらの情報は、特定の製品が売れたか売れないかの情報が単に集積されたものである。それは、売れた、売れないの結果を示す情報としては有効である。しかし、なぜ売れたのか、なぜ売れなかったのか、というような情報はそこから得られない。この種の情報を獲得するのが、g・市場調査、あるいはh・顧客からの苦情などによる情報取得である。その情報は、アナログ情報であり、なぜ売れたのか、なぜ売れなかったのかに関する情報を詳細に得ることが可能になる。市場調査により、消費者の生活スタイル、経済的状況、心理状況、潜在的・顕在的購買理由などを探ることができる。一方、顧客からの製品に関する苦情は、企業が想定していないような製品の使用状況や製品の弱点を時として明白に企業に突きつける。それらの情報はルーティン化されたものでない、決まりきった情報でないという意味で、企業の次の製品改良、製品開発に有効な情報をもたらす。

企業から消費者への情報の流れは太いパイプであるが、消費者から企業

への細いパイプというのが現状である。この細いパイプをいかに太くするかということが現状の課題である。

4. SWOT分析、経営目標、マーケティング目標

（1）SWOT分析

企業はその進むべき方向をSWOT（スワット）分析により確認し、それにもとづき企業全体の経営目標として数値化する、そしてそれを、具体的なマーケティング目標へと組み立てていく。

その基本は、まず何よりも消費者あるいは生活者の欲求、需要、ライフスタイルを理解することから始まる。それにたいして、企業組織自体の強味と弱みを分析するという作業、環境の好機と脅威を分析するという作業のSWOT分析を行う。これら企業自体と環境の把握のもとに、企業は経営目標を設定し、それをさらにマーケティング目標に変換する。そして、このマーケティング目標のもとに、より具体的なマーケティング・ミックス（4P）戦略を作成し、実行することになる。

企業は、現実の環境・状況下において、どのような方向へ進んでいった

33　第2章　企業組織

> SWOT分析……企業の強みと弱み、環境の好機と脅威を知るための手続き。
>
> S：Strengths（強み）
> W：Weaknesses（弱み）
> O：Opportunities（好機）
> T：Threats（脅威）

らよいのか？　それを決定するために、企業は企業自体の「強み」と「弱み」、そして企業を取り巻く環境の「好機」と「脅威」を知る必要がある。その方法として、SWOT分析という呼び名の方法がある。

企業の「強み」と「弱み」は、企業の内部的な問題である。一方、環境の「好機」と「脅威」は、企業の外部的な問題である。

（1）−1　企業内：「強み」と「弱み」の分析

企業の「強み」と「弱み」は、企業のもっている資源に関係している。

人、モノ、カネ、情報である。

(1) 人

量的・質的に必要な人材がいるのか。人材の適材適所の人員配置はできているのか。企業が新しい市場に参入するとき、その分野の知識をもった

人材がいるのか。企業規模が大きくなったとき、それに応じて必要な資質をもった人材は確保できているのか。そしてそれらの人材は、得意分野の部署に適切に適材適所といえるように配属されているか。

(2) モ ノ

モノは、企業が所有・使用している物理的実体、土地、建物、生産設備、事務機器その他である。企業の新製品開発、製品生産、製品流通・販売において、有効に機能しているのかどうか。もしも有効に機能していなければ、その組み合わせを変更するか、あるいは、新たにモノを調達するかしなければならない。それは、企業の生産の場においても、経営・事務管理においても、両者に共通する問題である。足りないものがあるならば、早急に対処しなければならない。

(3) カ ネ※

企業の活動において、通常は運転資金として「カネ」が使用されている。もしそこにおいて、規模の拡大あるいは通常の活動以外の新たな活動をはじめようとするならば、付加的な資本投下が必要である。その場合、その資本投下のための資金を集めなければならない。それは、企業内部に利益の内部留保として保持されている場合もあるが、通常はその留保資金だけ

※金とカネの使い分け
通常「金（かね）」とは、現金（キャッシュ）自体を意味するが、本書では、「カネ」と記述して、現金をも含めて、さらにそれ以外の借入金、預貯金、小切手などを含めた広い意味でとらえる。

35　第2章　企業組織

では不十分である場合が多い。そこで、金融機関から直接借りたり、あるいは株式市場から資金を調達したりということが行われる。新たな展開を行おうとするときに、どのような種類の「カネ」をどれだけ集めることができるかということは、企業にとって重要な問題である。借りた場合の返済における返却期間と利子率の大きさ、そして株式市場で調達した場合株主への配当の割合、あるいは資金提供者による企業経営への口出し等の問題を考慮しておかなければならない。

(4) 情　報

　企業の情報に関しては、情報のフロー（流れ）と情報のストック（蓄え）の両者がうまく機能していることが必要である。情報のフローとして、情報が企業の組織のあらゆる階層、部門の人々に有効な形で、迅速で正確に流れていくことが大切である。既述した戦略的情報システムSIS（Strategic Information System）が適切に機能しているかどうかという問題である。一方、情報のストックとして、企業の既存の活動、そしてこれから参入しようとしている市場と技術に関して、情報がどの程度蓄えられているのか、あるいは今後どの程度収集可能なのかということを吟味しなければならない。

36

市場の側面における情報のストックとしては、顧客情報、過去のマーケティング・リサーチ情報、そして一般的な業界情報、市場情報、さらには経済的情報などが含まれる。直接的には、現在の顧客がどのような消費実態を示しているのか、将来の顧客となりうる消費者がどんな消費動向を示しているのかということが、企業にとって逼迫した情報である。

一般的には、これらの市場情報は、企業に無秩序に、そして蓄えられがちである。情報はたくさんもっているのだが、それを整理せず、あるいは整理できず、コンピュータあるいは他の情報記憶媒体の容量の許す限り、溜められるだけ溜めておかれがちである。目的に合わせて情報を整理する、利用する、そして無駄な情報を捨てるということが重要である。

技術、生産の側面における情報のストックとしては、いわゆるR&D（アール・アンド・ディー）、リサーチ・アンド・デベロップメントが重要な概念である。日本語で「研究開発」（R&D：Research and Development）である。企業は、製品あるいは製造工程の研究や革新を行うことによって、企業の環境への適応、消費者への適応を積極的に推し進めることが必要である。技術、生産という側面において、モノをいかに組み合わせて革新的な新製品を開発できるか、消費者の需要にこたえることができる新製品を

適切に提供できるか。これらのことに関しては、常日頃からの研究の蓄えが必要である。それを行うのが、R&Dである。通常それは、3つのタイプに分けられる。

① 基礎研究：原理・原則の科学的研究。
② 応用研究：基礎研究の成果をもとにした製品あるいは製造工程の具体化。
③ 実用研究：現在の製品や製造工程の改良。

この研究開発が、継続的に偏りなく行われているならば、企業にとっては大きな強みとなる。

（1）-2　企業外：好機と脅威の分析

企業にとっての好機と脅威は、企業を取り巻く諸環境の中に存在する（図表2-3　企業を取り巻く諸環境）。企業に最も近い位置にあるのが取引環境、その外側に競争環境、潜在的競争環境、さらに外側に経済的・法律的環境がある、というように説明のための区分を行う。

(1) 取引環境

資源供給業者、助成業者、中間業者、マーケティング会社などの取引関

余談：マッシュルーム・セオリー（Mushroom Theory）

研究開発（R&D）推進の方法として、噂によると、マッシュルーム・セオリーという非常に有効な方法があるらしい。それは、実際に多くの会社で用いられ、大いなる効果を発揮しているということである。このセオリーによる研究開発の管理は、いたってシンプルで手間が掛からない。ただ単に、暗い部屋に研究者をわんさかとほうり込む（暗い・部屋、わんさかがキーワードである）。そして同時に、栄養豊富なこやし（給料？　研究費？）をたっぷり与えるというだけである。そうすれば、自然に、何か有効な発見がマッシュルームのようにニョキニョキと生えてくるというものである。これほど簡単で効果的・効率的な研究開発（R&D）推進の方法は、他に類を見ない。すばらしい!!（筆者談、この理論はあくまでも噂です!?）

38

図表2－3　企業を取り巻く諸環境

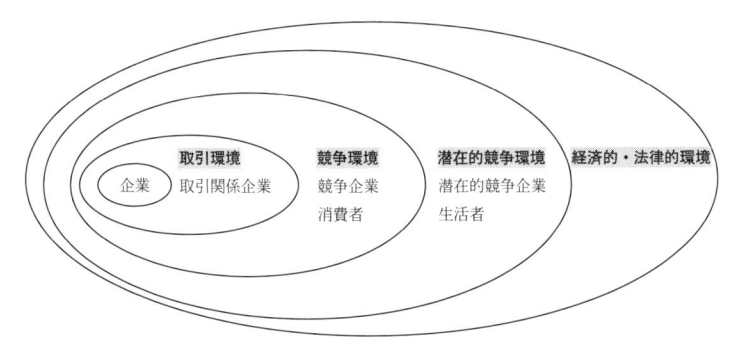

```
┌─────────────────────────────────────────────┐
│                              経済的・法律的環境  │
│  ┌───────────────────────────────────┐      │
│  │                      潜在的競争環境  │      │
│  │  ┌─────────────────────────┐      │      │
│  │  │              競争環境    │      │      │
│  │  │  ┌─────────────────┐    │      │      │
│  │  │  │  取引環境        │    │      │      │
│  │  │  │ ┌────┐          │    │      │      │
│  │  │  │ │企業│取引関係企業 │ 競争企業 │ 潜在的競争企業 │      │
│  │  │  │ └────┘          │ 消費者  │ 生活者      │      │
│  │  │  └─────────────────┘    │      │      │
│  │  └─────────────────────────┘      │      │
│  └───────────────────────────────────┘      │
└─────────────────────────────────────────────┘
```

係にある企業が含まれる。

- 資源供給業者：生産の側面において、原料、部品、エネルギー、人的資源、そして資金などを当該企業に供給する組織を指す。

- 助成業者：輸送会社、倉庫会社、銀行、そして保険会社など、製品の取引を物流の面と金の面から補助する組織を指す。

- 中間業者：メーカーの代理店、卸売業者、小売業者に代表される組織で、流通チャネルを構成する組織を指す。

- マーケティング会社：マーケティング・リサーチ会社、マーケティング・コンサルティング会社、広告代理店など、企業の情報の側面を補強し、販売促進

J.フィスク＆R.バロン著、前田俊一・野宮博訳『ハーバード流士官教本－ビジネスマン・サクセスハンドブック－』ダイヤモンド社、1983年、177ページ。

39　第2章　企業組織

を助ける組織を指す。

これらの取引関係企業は企業外部の組織ではあるが、生産、流通、そして販売をスムーズに進行させるためには必要な存在である。これらの取引関係企業を、有効に活用するためには、それらの企業がもっている機能をどの程度内部化する（自社で行う）のか、あるいは外部化する（他社が行う）のかということを考慮する必要がある。

それは内部化による費用と効果を懸案することによって決められる。一般的には、取引関係企業の機能を内部化するよりも、外部に優れた取引関係企業を獲得する方が費用はかからない。しかし、その場合それら優れた企業は、他の同業者も当然自社の傘下に組み入れて関係をもちたがる。したがって、優れた企業との関係の保持は、それなりの費用と他の企業に乗り換えられてしまうというリスクがともなう。内部化すると、費用はかかるがそのような心配はいらない。しかし、景気後退期あるいは企業の変化期において、効率の悪い部門の取り扱いが問題になる。

(2) 競争環境

目下関係している競争企業と消費者がいる。同じ市場において、消費者

の獲得を競い合っているのである。

企業は、現在の市場あるいはこれから進出しようとしている市場において、独占―完全競争のどの状態にあるのか把握しておかなければならない。

- 独占競争：生産者と消費者がともに1個ずつしか存在しない状態。
  例：独占に近いもの＝ジッパー、コンピュータのOS（マイクロソフト）、新製品発売時など

- 不完全競争：独占競争と完全競争の中間の状態。
  例：ビール、鉄鋼、自動車、家電、コンピュータ、小売業、外食産業など

- 完全競争：生産者と消費者が多数存在する状態。
  例：同質的な製品＝農業、水産業、不動産など

市場における競争状態は、企業が（革新的な）新製品を発売したとき、その市場が将来的に有望である場合には、他企業の参入が相次いで行われる。その結果、競争状態は、極端な場合は売手が非常に多いという完全競争の状態になる。企業の個々の戦略としては、この完全競争の状態から、いかにして不完全から独占競争の状態へ企

業自身の製品を誘導して行くかということになる。独占競争の状態に近づくほど、企業の市場における優位性が高くなり、より多くの利潤を獲得することが可能となる。

(3) 潜在的競争環境

将来関係するであろう競争企業と将来顧客になるかもしれない消費者がいる。＝潜在的競争企業と将来生活者。

この環境に、企業の将来のチャンスと失敗、すなわち好機と脅威の可能性が潜んでいる。環境は常に変化している。そして、その変化はなかなか予測が難しい。たとえば、潜在的な競争企業の出現という点に関しては、時計業界に家電・電卓メーカーが参入したように、電機業界の企業が廃棄ガスの削減という名目で、電気自動車という方法で自動車業界に参入してくる可能性もありうる。

アンゾフ（H. I. Ansoff）は、過去の単なる延長によっては予測できない不連続的な出来事を脅威／好機（threat/opportunity）と表現している。この環境の変化は、企業の対応の仕方にも依存して、脅威であったり、好機であったり、また何の影響もなかったりしうる。アンゾフは、環境の変化に関する企業の知識の状況を、5つの段階に分類している。※

※ H・I・アンゾフ（H. Igor. Ansoff 1918年〜2002年）

"Managing Surprise and Discontinuity : Strategic Response to Weak Signals" in Hans B. Thorelli ed., *Strategy + Structure = Performance*, Indiana University Press, 1977, pp. 58-61.
写真出所：http://www.iimedu.org/managementgurus/Igor_Ansoff.htm

42

① 脅威/好機の感知‥不連続的な変化が確かに差し迫っているなという確信をもつ。しかし、その形とか性質そして源泉は、わかっていない状態である。

② 脅威/好機の源泉の把握‥不連続の源泉は、どのあたりの分野から生じているのかが判明する。

③ 脅威/好機の具体化‥不連続の性質、インパクトの大きさ、タイミングがわかってくる。反応のための準備状態。

④ 反応の具体化‥反応のタイミング、行動、プログラム、予算が明確になる。

⑤ 結果の具体化‥収益への影響と反応にたいする結果が計算可能になる。

環境の変化にたいして、それが差し迫った状況において、突如、企業行動を起こさなければならない状態に企業を置いてはならない。その脅威/好機が現実に企業を襲う前、その具体的な性格や影響結果がわかるずっと前に、変化の兆候を察知した段階で、それなりの柔軟な戦略を取る必要がある。そこにおいては、脅威/好機の性格とそのもたらしうる結果がわかるにつれて、戦略をそれに合わせて変化対応させて、より具体化して行く

ことになる。そうすることによって、十分な情報収集・分析の時間を得ることができ、吟味した適切な反応行動を取ることができる。企業にとって大切なことは、変化をいかに自社にとって有利に作用させるかということである。最近では、地球環境の悪化にともなうエコロジーの問題、インターネットの普及などが、どのような形で企業の脅威／好機になるのかということを、継続的にモニターし続ける必要がある。

(4) 経済的・法律的環境

(4)—1 経済的環境

経済的な環境は、国民の経済力の問題である。経済力が強ければ、消費は増え、弱ければ消費は減ってしまう。それは、大局的には国内総生産（GDP＝Gross Domestic Product）あるいは国民所得（NI＝National Income）により判断できる。国内総生産とは、一国内における各種の経済主体、すなわち個人（＝国民）、企業、その他の組織によって、一定の期間中に作り出された財貨・サービスの合計額である。国民所得は、国内総生産から資本減耗引当金と間接税を引き、そして補助金を加えたものである。

日本の国内総生産GDPは約474.0兆円（2009年度名目）、国民所得は約339.2兆円（2009年度）である。1人当たりの国民所得

44

は約266万円（2009年度）である。※

国内総生産あるいは国民所得が大きければ、市場としては可能性が大である。そこにおいて、単純化して述べるならば、1人当たりの国民所得が高い場合には、消費財の市場としては有望である、全体的な水準を示すGDPが高い場合には、生産財の市場として有望である。

その他の重要な問題として、経済基盤（インフラストラクチャー：infrastructure）の状況がある。道路、港湾、産業用地、コミュニケーション、エネルギー、そして輸送などの施設が十分に整っているか。また、職業教育とか研究開発が十分に行われているか。これらのことは、マーケティングと密接に関係してくる。コミュニケーションの手段、エネルギー源、そして輸送手段として、何が使えるのか、そしてコストパフォーマンスを考えると何が最も有効なのかということを、的確に判断する必要がある。

(4)—2 法律的環境

マーケティングの視点から見ると、法規制の目的は3つに大別できる。

① 企業を保護すること。これは企業間の公正な競争を維持することにより達成できると考えられている。

※ 国内総生産（GDP）、国民所得、1人当たり国民所得のデータの出所：http://www.esri.cao.go.jp/jp/sna/toukei.html#kakuho内閣府ホーム＞統計情報・調査結果＞SNA＞2．統計表一覧＞1 平成21年度確報の2—2．国民経済計算確報のフローポイントより。

45　第2章　企業組織

② 消費者を保護すること。これは、企業の活動に対して、適正な価格でかつ安全な商品を、消費者に不利にならないように供給すること。

例：独占禁止法、大規模小売店舗立地法など

例：消費者保護基本法、製造物責任（ＰＬ）法 (PL＝Product Liablity) など

③ 社会の利益を保護すること。これは、企業の活動に対して経済的なコスト計算だけでなく、社会的なコストまでを含めて考慮しなければならないことを意味する。

例：環境基本法、環境アセスメント法など

企業の保護、消費者の保護、社会の利益の保護の間には、いくつかの部分においてトレード・オフ関係（＝利益の取り合い関係）がある。いずれかに重点を置くと、他のものにたいして不利益が生ずる可能性がある。どこに重点を置くか、その重点の置き方が重要な問題になる。一般的には、それは社会の合意のもとになされているとみなされる。

（2） 経営目標

企業の使命（ＣＩ）は、一般的に抽象的な表現で示されているので、そ

れはより具体的な形式に変換する必要がある。そこにおいて経営目標は、企業の使命（CI）を経済的な言葉で置き換えることである。

（2）-1　目標設定の意義
　企業は環境の変化に対応するために、目標を立てる。環境は絶えず変化する、一方、企業の組織は絶えず固定化する傾向がある。組織の変化、戦略の変化は時間がかかる。したがって、現時点において次の時点における環境変化を予測しつつ、その変化に適応的に対応する目標を事前に立てる必要がある。

（2）-2　経営目標の設定
　経営目標の設定は、基本的には、消費者あるいは生活者の欲求と企業の使命（CI）との突き合わせによって決まってくる。いま少し詳細に述べると、消費者あるいは生活者の欲求と企業の使命（CI）、企業の資源「人、モノ、カネ、情報」、そして企業を取り巻く諸環境「取引環境、競争環境、潜在的競争環境、経済的・法律的環境」を考慮することによって、目標を設定する。この手続きは、企業自身のもっている強みと弱みを評価

47　第2章　企業組織

し、そして外部の環境を分析することによって行われる。前述したＳＷＯＴ分析である。

経営目標は、具体的な形で数量化しなければならない。数量化とは、時間（期間）と目標値（量）を規定した具体的な数値目標にすることである。

例：× 経営目標＝「市場シェア拡大」

○ 経営目標＝「市場シェアを今年度中に、27％に拡大する」

（2）―3　目標の階層性

目標は、それを支える各マネジメントレベルでの目標に再定義されなければならない。一般に目標は、それを設定すると（上位目標）、その設定された目標を達成するためにさらに目標（下位目標）を、設定しなければならない。そして、さらにその設定した目標を達成するために、その下にさらに目標（下位下位目標）を設定しなければならない。この過程は、最初の目標の大きさあるいは困難度にしたがい、さらにいくつかの目標の階層が形成される。そして、それぞれの目標は効果的（effectiveness）で、かつ効率的※（efficiency）でなければならない。

経営目標は、次にマーケティング目標としてさらに具体化される。

※効果的と効率的の意味

効果的（effectiveness）＝望む状態の達成にたいして、目標が適切に設定されているかどうかを指す言葉である。行為が、見当外れでないかどうか。有効性とも訳される。たとえば、東京丸の内にモノを運搬しなければならないのに、それとは異なる新宿サザンテラスにそれを運搬してしまうことを効果的ではないという。

効率的（efficiency）＝ある目標下において、投入量にたいする産出量の比率を意味する。あるいは、投入努力にたいする成果の大きさである。能率とも訳される。たとえば、東京丸の内にモノを運搬しなければならない状況が生じたとする。そのときあいにく道路が大渋滞であった。幸いにしてモノの量は多くなく、自転車でも手荷物でも運べる程であった。車で運ぶとすると、渋滞にはまって50分程度の見込みである。一方、自転車で

48

(3) マーケティング目標

経営目標が、金銭的、あるいは経済的に表現されるのにたいして、マーケティング目標は、市場に関係づけて表現される。それは、売上高、市場シェア、ターゲット・セグメントなどの術語で示される。たとえば、年間270億円の売上高、そしてそれを達成するために市場シェア30％の獲得、そして狙う市場はどこか、どのターゲット・セグメントに的を絞るかを決定する。特にここにおいては、競争環境を強く意識し、市場における自社の位置づけを確認することによって、それに応じた競争戦略を設計し実行する。

(3)—1 進出市場

ここでは、これから進出しようとする方向を確認する。アンゾフ (H.I. Ansoff) の市場 (or 使命 (ニーズ)) と製品 (or 技術) の2次元空間上の成長ベクトル (マトリックス) を利用すると、図表2—4のように示される。各セルの中は、それぞれ次のような意味をもっている。

運ぶと、渋滞に関わりなく20分程度で済みそうである。このとき、通常の運搬方法にとらわれて車を選択すると、それは効率的でないという。

図表 2-4　成長ベクトル（マトリックス）

製品（or 技術） 市場(or 使命(ニーズ))	現	新
現	①市場浸透力	③製品開発
新	②市場開発	④多角化 （コングロマリット）

出所：アンゾフ著，広田寿亮訳『企業戦略論』産業能率短期大学出版部，1969 年（H. Igor Ansoff, *Corporate Strategy*, McGraw-Hill, Inc., 1965)，p.137

① 市場浸透力：現在の製品／市場におけるシェア占拠率の増大。企業がいま現在戦っている製品でいま現在対象としている消費者により深くアプローチする方法。ターゲット消費者のより多くの獲得、あるいはターゲット消費者のより多くの消費水準の獲得（量、頻度など）を目指すものである。

② 市場開発：企業の製品についての新しい使命（ニーズ）の探求。既存の製品で、新しい市場、消費者の獲得を狙う方法。既存の製品にたいしていままで目を向けなかった新たな消費者の獲得、あるいは既存の製品の新しい用途、効用を見つけ、いままでと異なった消費者の獲得を目指す。

③ 製品開発：現在の製品に代わる新製品の開発。いままでの消費者にたいして、既

図表2-5 成長ベクトル（マトリックス）：パーソナルコンピュータ会社の場合

市場 (or 使命(ニーズ)) \ 製品 (or 技術)	現	新
現	①市場浸透力 　既存のデスクトップ・パソコン，ラップトップ・パソコンのシェアを伸ばす。	③製品開発 　ユビキタス社会に向けてウェアラブル・コンピュータの開発。
新	②市場開発 　従来の顧客対象でなかったお年寄りの年齢層，あるいは幼児・小学生の年齢層の市場開拓。シンプルな機能，デザインのパソコン。	④多角化（コングロマリット） 　携帯ミュージックプレーヤ，携帯電話市場に進出。あるいは，従来とはまったくかけ離れたハンバーガー市場に参入？

存の製品を凌ぐより良い製品を開発し、より一層の消費需要を獲得しようとする方法。

④多角化：製品と使命（ニーズ）との両方の面で、企業にとってまったく新しい方向への挑戦。このような企業形態をコングロマリット（Conglomerate）という。企業がいままで扱ったことのないまったく新しい製品でもって、いままでターゲット消費者として見てこなかったまったく新しい未知の市場を狙う方法。

図表2－6 マーケット・セグメンテーションの変数

> 人口統計的変数：年齢，性別，結婚の有無，家族のサイズ，家族の
> 　　　　　　　　ライフサイクル，宗教，人種，国籍など
> 社会経済的変数：所得，職業，教育程度，社会階級，住居形態など
> 心 理 的 変 数：価値観，性格，態度，選好，動機づけなど
> 地 理 的 変 数：居住地域，出身地域，気候など

上記の成長ベクトルをパーソナルコンピュータ会社の場合で例示するならば、「図表2－5 成長ベクトル（マトリックス）：パーソナルコンピュータ会社の場合」のようなことが考えられる。

(3)－2 マーケット・セグメンテーション

マーケット・セグメンテーション (market segmentation) とは、市場の消費者を類似した（同質的な）消費者反応を示すいくつかの集団に分けることである。日本語では、市場細分化という。そこにおいて、マーケット・セグメント (market segment) とは、マーケット・セグメンテーションによって分けられた類似的・同質的な消費者集団をいう。

通常、マーケット・セグメンテーションは、人口統計的変数、社会経済的変数、心理的変数、地理的変数などを使用して、消費者を同質的な消費者

図表2−7　ターゲット・セグメント

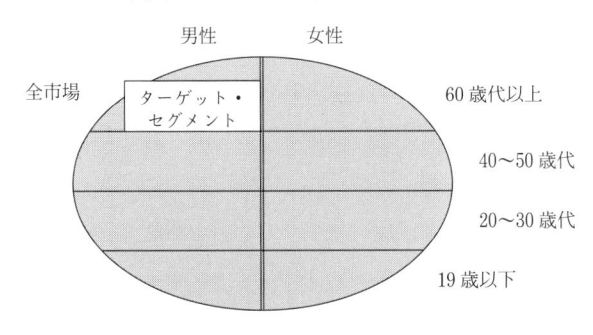

集団に分けることを行う（図表2—6参照）。

マーケット・セグメンテーションは、企業の経営活動の効率化のために行われる。市場に存在するすべての消費者の欲求あるいは需要をすべて満たそうとすることは、ほとんど不可能だからである。その手続きは、最初に消費者を何らかの基準で、いくつかの消費者集団に分けることから始まる（マーケット・セグメンテーション）。そこにおいて、分けられた集団をマーケット・セグメントと呼び、そのうちのいずれかを企業が特に狙いを定めたターゲット・セグメントとするのである。この特定の集団の欲求あるいは需要を確実に満たすというのがその意図するところである。

たとえば、市場に存在する人々を性別と年齢によって細分化して、ターゲット・セ

53　第2章　企業組織

グメントを決定するという手続きは、「図表2―7 ターゲット・セグメント」のように示される。全市場をまず男性と女性に分ける、そして同時に年齢層別に19歳以下、20～30歳代、40～50歳代、そして60歳代以上に分ける。そうすると、市場は男女別、年齢層別に8つのセグメントに分けられる。企業が市場に導入しようと思っている製品は、製品コンセプトとして健康、たっぷりな時間、経済的余裕を掲げている。したがって、60歳以上のセグメント、その中で、とくに無趣味で時間の余った男性を企業の狙うべきターゲット・セグメントとするということになる。

（3）―3　自社経営資源と競争地位

市場における競争は、絶対的なものではなく、自社企業と他社企業との関係における相対的なものである。他の競争企業の能力と自社企業の能力の相対的な力関係によって、その市場における売上高、シェアが決まってくる。その能力の相対的な力関係を、企業のもっている資源という視点から見る方法がある。それがここで述べる経営資源の量的資源と質的資源の2つの側面から企業の能力を分析する方法である。

54

図表2−8　相対的経営資源による競争地位の類型

質的資源＼量的資源	大	小
高	1. リーダー（Leader）	3. ニッチャー（Nicher）
低	2. チャレンジャー（Challenger）	4. フォロワー（Follower）

出所：嶋口光輝・石井淳蔵『現代マーケティング』有斐閣Sシリーズ，1987年，171ページ。

量的資源：従業員数、供給量や生産能力、投入資金力などで、それは企業資源の人、モノ、カネに対応している。

質的資源：企業とブランドに対するイメージやロイヤリティ、品質、広告や営業ノウハウ、流通チャネル管理力、技術の水準、トップのリーダーシップなど無形の企業の財産であり、企業の大切な情報資源でもある。

これらの量的資源と質的資源の大小、高低に依存して企業は図表2−8のように位置付けられる。量的資源が「大」・質的資源が「高」の業界のリーダーに位置付けられる企業、量的資源が「大」・質的資源が「低」の

チャレンジャーに位置付けられる企業、量的資源が「小」・質的資源が「高」のニッチャーに位置付けられる企業、そして量的資源が「小」・質的資源が「低」のフォロワーに位置付けられる企業というように、大まかに4つのタイプに分類される。

（3）―4　地位別の競争戦略

競争地位に関わらず競争に打ち勝つための基本戦略として、3つの基本型がある。※

① コストのリーダーシップ：規模の経済性の発揮
② 差別化：企業、製品、サービスなどの差別化
③ 集中：特定の市場にたいする資源の集中的投下

通常、生産数量が増加するにつれて、製品1単位当たりの製品（生産）コストが低下していく。すなわち、生産数量の増加につれて、固定費がより多くの製品に分配されて、製品1単位当たりのコストが低下するという規模の経済性が出現する。より多く売り、より多く作れば、この規模の経済性の効果を利用することができる。コストのリーダーシップは、この効

※ M. E. ポーター著、土岐坤・中辻萬治・服部照夫訳『競争の戦略』ダイヤモンド社、1982年、56ページ（M. E. Porter, Competitive Strategy, The Free Press, 1980)。

M. E. ポーター（Michael E. Porter 1947年～）
写真出所：http://drfd.hbs.edu/fit/public/facultyInfo.do?facInfo=bio&facEmId=mporter

果を最大限利用できる立場にあることを意味する。当該企業が、同程度の機能をもった製品を、より低価格で提供できるならば、他社と同じ価格で販売するならば、あるいは、同程度の機能をもった製品を、他社よりも多く売れるということ、あるいは、同程度の機能をもった製品を、他社と同じ価格で販売するならば、他社よりも製品コストが低い分、販売製品1つ当たりから、より大きな利益を得ることができるということが可能である。

差別化は、通常、製品差別化を意味するが、製品差別化だけにとどまるのではなく、企業自体、あるいは販売方法、サービス方法をも含んで行うことを意味する。企業全体、トータルで、企業の活動のあらゆる活動を包含(ほうがん)して、その一挙手一投足すべてを差別化の視点からとらえる必要がある。前述した企業のＣＩから、本社ビル、工場、店舗、車、従業員の制服、バッチ、ロゴ、マーク、ホームページ、社員自体、差し出す名刺などなど、あらゆるものが差別化の対象である。他の企業よりも自社の方が優れているということを、あらゆる機会すべてを利用して、消費者に訴えるのである。

集中は、企業のもっている資源は無限ではなく有限であるということから、必然的に規模に関わらずすべての企業に共通する課題である。しかし、小規模な企業であるほど、資源の集中のメリハリが重要である。少ない資源を広く薄く、いろんな分野に拡散しても何の意味も効果も出てこない。

57　第2章　企業組織

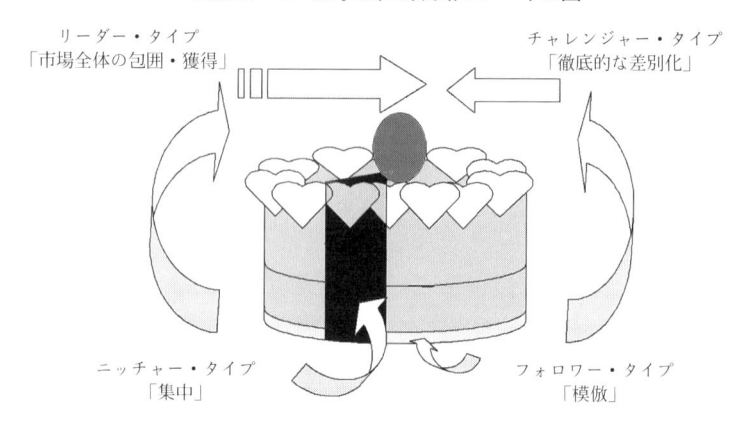

図表2-9 競争地位別戦略のケーキの図

リーダー・タイプ
「市場全体の包囲・獲得」

チャレンジャー・タイプ
「徹底的な差別化」

ニッチャー・タイプ
「集中」

フォロワー・タイプ
「模倣」

一点集中的に、ここだと決めた市場分野に特定的に資源を投下するのである。それ以外の方法はない。

企業はこれらの基本戦略を競争地位の違いに応じて、使い分けることになる。その場合、基本型のいずれかに重点を置く場合もあるし、均等に重点を置きながら3つの基本型を組み合わせる場合もあるし、加重的にいずれかに重点を置きつつ基本型を組み合わせる場合もある。

上記の一般的基本戦略をもとにして、市場をケーキになぞらえながら、競争地位別の競争戦略は下記のように説明できる（[図表2-9 競争地位別戦略のケーキの図]※参照）。

リーダー・タイプの企業：量的資

※嶋口充輝『統合マーケティング―豊饒時代の市場経営―』日本経済新聞社、1986年、127ページの図を加筆微変更。

58

源が「大」で、かつ質的資源が「高」なので、市場全体の包囲・獲得を目指す。戦略方針は、全方位的で、コストのリーダーシップを維持することである。市場全体、すなわちケーキ全体をすべて食べつくそうというのが、リーダー・タイプの企業の競争戦略であり、そのために規模の経済性をいかに有効に使うかがその成否の鍵となる。

チャレンジャー・タイプの企業：いつかはリーダーになることを目指す。ケーキ全体を、リーダー・タイプの企業と争いながら、いかに多く食べることができるかを考える。そのために、リーダーの市場占有力に対抗するかたちで正面衝突するか、あるいは、少し脇の甘い部分から攻撃するかの選択が迫られる。通常は、リーダーと同じ戦略を取っていては、その資本力、市場占有力等にかなわないので、リーダーとの比較において、正面衝突を避けるという意味において、徹底的な差別化を行う。

ニッチャー・タイプの企業：特定の市場において確固たる地位と信頼を獲得することを目指す。ケーキ全体を狙わず、ケーキの特定の部分、自分がおいしいと思う部分をねらう。ケーキのイチゴの部分だけでも良いし、それで足りなければクリーム部分を食べるか、あるいは縦にカットしたケーキの1/5をしっかりとせしめる戦略である。そのために、得意の分野、

59　第2章　企業組織

特定の市場に優秀な資源を集中的に投入することが行われる。
　フォロワー・タイプの企業：とりあえず生き残ることを考える。ケーキの食べ残しの部分、ケーキの下の紙に貼り付いたカステラの部分を食べることになる。その戦略は成功している企業のおこぼれ、食べ残しを獲得するために、他の成功企業との同質化を狙うというものである。ここで言う同質化とは、製品差別化の反対語で、成功した製品の模倣をすることである。さらに、この状況における同質化の特徴は、他の企業の成功した製品よりも、価格が安い、そして品質的にも劣るという点が特徴的である。他よりも、安くなければ売れないのである。

第 3 章

マーケティング・ミックス

1. マーケティング・ミックス
2. プラスのシナジー効果
3. 戦略と戦術

マーケティング範囲の図

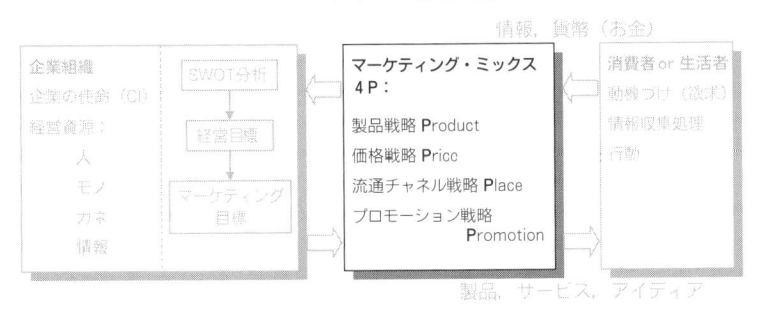

情報，貨幣（お金）

企業組織	SWOT分析	マーケティング・ミックス 4P：	消費者 or 生活者
企業の使命（CI）			動機づけ（欲求）
経営資源：	経営目標	製品戦略 Product	情報収集処理
人		価格戦略 Price	行動
モノ	マーケティング目標	流通チャネル戦略 Place	
カネ		プロモーション戦略	
情報		Promotion	

製品，サービス，アイディア

1. マーケティング・ミックス

企業が使用することのできる統制可能なマーケティングの手法を集めそれを有機的に結合したものを**マーケティング・ミックス**という。その目的は、ターゲット・セグメントの欲求や需要を効果的／効率的に満たしていくためにマーケティングの手法を最適に組み合わせしていくことにある。

この言葉は、語源的にはケーキ・ミックスから来ており、ケーキの材料を十分に混ぜ合わせるとおいしいケーキができあがるという根拠にもとづいている。マーケティングの材料である多様な手法（4P）をうまく混ぜ合わせると、おいしい結果、よい結果が出るであろうということを期待しているのである。

マーケティングの手法は非常に多くの種類があるがそれらを4つの大項目にまとめたものが、いわゆるマーケティング・ミックスの4Pと言われるものである。

Product 製品：製品は、物質的な製品（自動車、家電製品、ハンバーガー等）、そして非物質的なサービス（安全を売るガードマン、理・美容室のカッ

※ マッカーシー著、栗屋義純監訳『ベーシック・マーケティング』東京教学社、1978年、65〜71ページ（E. Jerome McCarthy, *Basic Marketing: A Managerial Approach*, (5ed.) Richard D. Irwin, Inc., 1975)。

写真出所：ecoAmerica/blogより。

※※ 4Pとは
多くの教科書でも、本論でも、マーケティング・ミックスを4Pとして分類し、説明している。しかし、実際のところ4つのPでも、5つのPでも、6つのPでも、あるいは7つのPでも構わない。Pではなく、最近はC（Commodity, Cost, Communica-

ト、電話の通話サービス等）やアイディア（本、カルチャースクール、教育等）を意味する。企業と消費者を結びつける具体的な接点が製品である。製品は、企業にとっては利潤の充足の糧であり、消費者にとっては欲求充足の糧である。両者の満足が求められなければならない。

Price 価格：価格は、企業が製品を消費者に供給する見返りに、消費者からもらう金額数値である。それは、消費者が製品を手に入れるために必ず支払わなければならない対価である。価格は、企業の利潤に直接反映するという意味で重要で、かつ競争上微妙な取り扱いを要する変数である。そこにおいて、競争戦略上の基本的な方針として、価格競争は、最悪のシナリオで、最も避けなければならない方法である。というのは、他の競争者が簡単にまねすることができるからである。追随者が次々に出現し、低価格競争の負の連鎖に巻き込まれてしまうのである。価格戦略は練るが、そこにおいて価格競争を採らなければならない。4Pの他の製品戦略、流通チャネル戦略、プロモーション戦略の存在意義は、価格競争を避けるためにあるといっても過言ではない。

Place 流通チャネル：マーケティングにおける流通チャネル（distribution channel）とは、製品とその所有権が生産者から消費者へ移転するそ

tion, Customer）を使っているマーケティング教科書もある。それは、説明のための区分であり、企業のマーケティングに関わる全諸活動を網羅的に包含し、そして説明が容易であれば、相互に排他的であり、どんなPでもCでも、あるいは他のアルファベットでも構わない。最近では、コトラーが、通常の4Pにpeople, processes, physical evidence の3つを加えて、7Pのマーケティング・ミックスを提唱している。

Kotler, Philip; Hayes, Thomas; Bloom, Paul N. *Marketing Professional Services, Second Edition* (P. コトラー、T. ヘイズ、B. N. ブルーム著、白井義男監修、平林祥訳『コトラーのプロフェッショナル・サービス・マーケティング』2002年）。

の通路あるいは経路を意味する。具体的には、生産者、メーカーの代理店、卸売業者、小売業者、そして消費者が流通チャネルに含まれる。その他に、輸送業者、銀行、保険業者、広告代理店、市場調査会社等も製品の流通を補助するという意味で、流通チャネルに含まれることがある。この流通チャネルを使用して、企業は消費者により早く、より低コストで、より便利に製品を供給することを目指す。

Promotion プロモーション：プロモーション戦略は、製品あるいは企業に関する情報を消費者に提供、伝達することにより、製品の需要を誘導する諸活動である。それらの諸活動は、下記の4つに分類される。広告活動（Advertising）、販売促進活動（Sales promotion）、人的販売活動（Personal selling）、パブリシティ活動（Publicity）である。プロモーション・ミックスに関する意思決定は、プロモーションを行うかどうかということではなく、それをどの程度行うのか、そしてどの手段をどのように組み合わせるかに関するものである。

マーケティング・ミックスにおけるポイントは、統制可能な要因によって、統制不能な要因を企業にとって都合の良いようにコントロールするということにある。ここでいう4Pは、企業の統制可能な要因であるが、企

※※※ Placeを流通チャネルと読み代えるのは、少々強引である。Placeは、直訳すれば「場所」である。これは単にマーケティング・ミックスの4Pの「P」に合わせたためにしただけである。深い意味はない。

※ P. コトラー（P. Kotler 1931年〜）
現代、マーケティング研究者でもっとも有名な学者の1人である。最近は、4P概念に加えて、people, processes, physical evidence の3つを加えた7P理論を提唱している。

写真出所：http://www.businessweek. より。

64

業の外部に存在する環境そしてその中に含まれる消費者、生活者は、統制不能な要因である。ここに難しさと面白さがある。

2. プラスのシナジー効果

　マーケティング・ミックスを行う条件として、最小の費用で最大の効果を目指すということがあげられる。そのためには戦略間のプラスのシナジー効果（synergy effect）が必要不可欠である。プラスのシナジー効果は、以下のように示される。

　たとえば、4Pの個々が「1」の成果をもっと仮定した場合、

① 　1＋1＋1＋1＝4
　⇩　シナジー効果は得られていない。
② 　1＋1＋1＋1＝4、5、6、……以上
　⇩　プラスのシナジー効果が得られた。

　①式のように単純にそれを集計すると1＋1＋1＋1＝4というように、4の成果が得られる。しかし、これらの4Pをうまく組み合わせることに

65　第3章　マーケティング・ミックス

よって、②式のように1+1+1+1＝4、5、6、……以上の成果が得られる可能性がある。このように4以上（正確には4を含まずそれ以上）の成果が得られた場合、プラスのシナジー効果が得られたという。4Pの1つ1つで働きかけるのではなく、4つのPをケーキ・ミックスのようにうまくミックスして4以上効果を得ることが、マーケティング・ミックスの重要なポイントである。※

3. 戦略と戦術

本章において、製品戦略とか価格戦略というように「戦略」という専門用語が出てくるが、後に出てくるそれと似たような「戦術」という言葉もマーケティングあるいは経営学分野において頻繁に使用されている。後学のために、この「戦略」と「戦術」の言葉の使い分けを整理しておこう。戦略（Strategy）と戦術（Tactics）の両者ともその語源は戦争用語である。その戦争用語上の意味に比較対照して経営・マーケティングにおける戦略と戦術の意味を記述したのが「図表3−1　戦略と戦術の意味」である。

企業経営の全般的な部分において効果と効率を達成しようとするのが戦

※企業経営においては、マーケティング・ミックス以外にも、さまざまなシナジー効果を考慮する場面がある。

販売シナジー…いろいろな製品の広告、販売促進活動、販売管理組織、流通経路・倉庫等の共通利用による効果。

操業シナジー…原材料の一括仕入れ、施設の共通利用、共通の習熟曲線による利点。

投資（Investment）シナジー…プラントの共通使用、原材料の共同在庫、類似製品に対する研究開発の残存効果。

マネジメント・シナジー…新規事業に対する過去の戦略的、管理的、業務的経験の応用可能性。

図表 3 − 1　戦略と戦術の意味

	戦　略	戦　術
英語訳	Strategy＝兵法，用兵学，計略	Tactics＝戦法，策略，駆け引き
戦争用語	大規模で長期的・統合的な作戦。各種の戦闘を統合し，戦争を全局的に運用する方法。	実戦における個々の作戦。個々の戦闘における戦闘力の使用方法。
経営マーケティング	広範囲で長期的・統合的な作戦。各種の経営活動を統合し，経営を全局的に運営する方法。	現実市場における個々の作戦。個々の経営活動における活動諸力の使用方法。
意思決定者	トップとミドル	ミドルとロワー
時間範囲	長期と中期	短期
作戦範囲	大局的	局所的
対応対象	大きな環境変化	小さな環境変化

略で、個々の特殊的な部分において効率を求めるのが戦術である。

上位のものによる意思決定であり、長期に関する、大局的である、そして大きな環境変化に対応するのが戦略である。それと比較して、より下位のものによる意思決定である、短期に関する、局所的である、そして小さな環境変化に対応するのが戦術である。

戦略と戦術をまとめると次のようになる。企業または人が求めるものが目標で、それを手に入れる方策として、何を目標という言葉とからめて、

67　第3章　マーケティング・ミックス

なすべきかに関する全体的方法が戦略、そしてその戦略遂行において、いかになすべきかに関する個々の具体的な活動方法が戦術である。

第 4 章

製品戦略

1. 製品の意味
2. 製品差別化
3. 製品ミックス（企業のもち駒）
4. 製品ライフサイクル（製品の寿命）
   (1) 製品ライフサイクルの概念と形状
   (2) 製品ライフサイクルの各区分の諸特徴
5. イノベーションの採用者カテゴリー
6. ポートフォリオ分析
   (1) ポートフォリオ分析の基本的考え方
   (2) ポートフォリオ・マトリックス
   (3) ポートフォリオ・マトリックスの全体的バランスと資金配分
   (4) ポートフォリオ・マトリックスの描き方
7. ブランドとブランド・ロイヤルティ
   (1) ブランド　　(2) ブランド・ネーム
   (3) ブランド・ロイヤルティ

マーケティング範囲の図

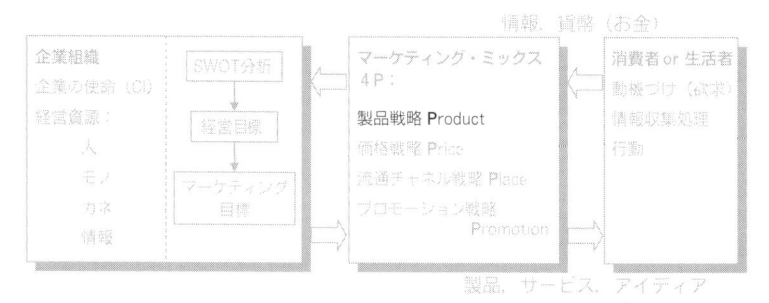

情報，貨幣（お金）

企業組織	SWOT分析	マーケティング・ミックス 4P	消費者 or 生活者
企業の使命 (CI)			動機づけ（欲求）
経営資源：	経営目標	**製品戦略 Product**	情報収集処理
人		価格戦略 Price	行動
モノ	マーケティング目標	流通チャネル戦略 Place	
カネ		プロモーション戦略 Promotion	
情報			

製品，サービス，アイディア

この章では、マーケティング・ミックス（4P）の基本中の基本である製品戦略について記述する。製品（サービス、アイディアも含む）は、企業と消費者を直接に結びつける要（かなめ）である。企業と消費者の関係をコミュニケーション過程になぞらえるならば、それは企業と消費者の間を結ぶ言葉の代替物である。企業は、製品という言葉を消費者に投げかける、それにたいして消費者は、購入・非購入という言葉を返す。消費者にとって役に立つ、心地良い言葉を投げかければ、消費者はそれにたいして、良い反応、すなわち購入という意思表示を示す。企業がそれにたいして、どのような言葉をかけるのか、すなわち、どのような製品、製品構成（製品ミックス）でアプローチするのかということは、企業と消費者の間の良好な関係構築において最重要の課題である。

1. 製品の意味

　企業と消費者を結びつける具体的な接点が製品である。**製品**は、企業にとっては利潤の充足の糧(かて)であり、消費者にとっては欲求の充足の糧である。そこにおいて、両者の満足が同時に満たされる必要がある。

図表 4 − 1　製品の概念図

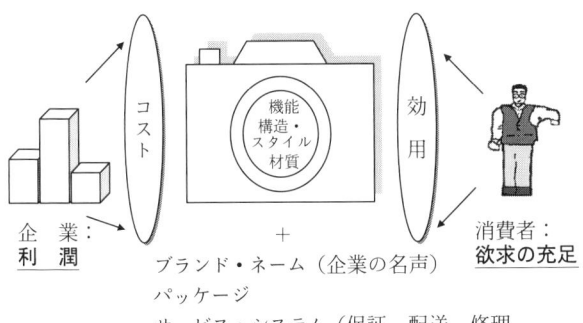

企　業：**利　潤**　コスト

機能・構造・スタイル・材質

効用

消費者：**欲求の充足**

＋
ブランド・ネーム（企業の名声）
パッケージ
サービス・システム（保証，配送，修理，相談サービスなど）
広告，販売促進など

　製品自体は、機能、そしてその機能を遂行するための構造・スタイル、材質から構成されている。そして、製品としてそれらをまとめあげるにはコストがかかる。一方、消費者はその製品に欲求充足の可能性、換言すると効用の存在を見る。そこにおいて、消費者は製品を評価する際、製品に付随している価格、ブランド・ネーム（企業の名声）、パッケージ、サービス・システム（保証、配送、修理、相談サービスなど）、そして広告、販売促進などをも包括的な評価対象として考慮することになる（図表4−1）。

　消費者の製品に求める効用は、幅広くとらえなければならない。通常、

71　第 4 章　製品戦略

```
携帯電話：本来的機能＝通話機能
        ２・３次的機能＝メール，インターネット，カメラ，音楽聴
                    取，テレビ視聴，ナビゲーションなどの機
                    能，ステイタス，おしゃれ感の演出という
                    社会的機能など
衣　　服：本来的機能＝身体の保護という生理的機能
        ２・３次的機能＝自身の美的感覚の満足という心理的な機能，
                    他人の承認や羨望のまなざしを求めるとい
                    う社会的機能
```

　消費者は製品の果たす機能にたいしてその効用を認めるが，それは本来の機能を核として周辺部分に広がりをもった２次的あるいは３次的ともいうべき諸機能全体を含めてその効用をとらえている。

　製品本来の機能を起点として，それを確実に果たした上に，製品を購買・消費する背景，そしてその意味あるいは価値を幅広くとらえて，それら付随的な機能，効用も十分に満たす必要がある。現代，市場に出回っている現実の製品を見た場合，製品の本来的機能に関してはほとんど企業間に差は見られない。このような時代にあっては，製品の本来的機能にプラス・アルファされた２次的，３次的諸機能をいかに消費者の琴線に触れさせるかということが売り上げの成否に大きく関係してくる。ただし，そ

れはあくまでも本来的機能を確実に満たした上でという条件が必須である。

製品戦略において、企業が忘れがちな点がある。それは、当該企業が市場に導入している製品は、他の企業の製品と組み合わされて使用されているということである。当該企業の製品が単体で使用され、単体で機能しているのではないということを認識しておくことは大切である。消費者は、いくつかの企業の製品を購入して、それらを組み合わせて生活している。消費者の生活において、それらがうまく組み合わされ、それぞれの製品が本来もっている機能をうまく遂行させることができるならば、より快適で気持ちの良い生活が送れる。当該企業の製品はその中での位置づけ、役割・機能を考慮したものでなければならない。

消費者にとっては、当該製品は、多く所有している製品群の中の1つなのである。それらとの関係において、機能、デザイン、色、その他をシステム思考的に考慮した製品を供給するべきである。もし、それがうまく達成されるならば、その製品は消費者の生活システムの中にピッタリとはまり込むはずである。企業は自分のところの製品がすべてであり、それが消費者にとってすべてで、唯一の製品であると考えがちであるが、常に、この点を自覚しておく必要がある。消費者の生活、ライフスタイルにおいて、

どの位置付けにあるか、どの部分において貢献できるか、意識しておく必要がある。

2. 製品差別化

製品差別化（Product differentiation）とは、自企業の製品と競争企業の製品が異なっていることを、消費者に認識してもらうことである。さらに言うならば、自企業の製品の方が他企業の製品よりも異なって優れているということを顕示することである。そうすることにより消費者の選好を獲得し差別的な有利性を確保することができるのである。その動機は、価格競争を避けることにある。

〈製品差別化の方法〉
① 競争製品と区別できるような1つあるいはそれ以上の機能的・品質的特徴を創造開発する。
② 製品のデザイン、色、ブランド・ネーム、ロゴマーク、そしてパッケージなどを競争企業のそれよりもしゃれたものにする。

③製品のサービスに関連して、配送、据え付け（installation）、保証、修理、メンテナンス・サービス、相談サービスなどを手厚くする。
④象徴的にシンボルやイメージに訴えて、絵柄、有名人、色、音／音楽を利用して、その差別的優位性を強調する。

　上述の方法により、自社の製品を競争者の製品と何らかの形で区別することができるならば、以下に述べる利点が指摘できる。製品差別化がなされていない製品の場合、消費者は、他の評価変数（たとえば機能・品質）が一定であるならば、価格の安い方を購買する。一方、製品差別化がなされている製品の場合、消費者は、機能・品質が同じでないために、価格のみの高低によってはどれが良いか、どの製品を購買するべきか判断できない。単純な価格比較によっては、製品間の優劣をつけられない。したがって、競争者が安易に価格引き下げの戦術をとっても、そこに製品差別化がなされているならば、それに対抗して価格を引き下げることをしなくても、製品差別化をもとに自社の製品の優位性を訴えることができる。価格競争という足の引っぱり合いに入りこまないで済むことになる。

3. 製品ミックス（企業のもち駒）

製品ミックスは、企業が取り扱っている製品種類全体を意味する。それは製品ライン（広がり）と製品アイテム（深さ）のマトリックスによって表現される（図表4－2参照）。図表4－2においては、製品ラインは、A.鍵盤楽器、B.弦楽器、C.打楽器、そしてD.管楽器の4ラインである。製品アイテムは、鍵盤楽器の製品ラインで4アイテム、弦楽器の製品ラインで5つ、打楽器の製品ラインで4つ、管楽器の製品ラインで5つである。総合すると、ライン数が4で、アイテム数が18である。

最適な製品ミックスを考慮するには、製品ライン、製品アイテム、そしてそれに加えて多様性・類似性の3つの観点から見る必要がある。※ たとえば、図表4－2において新たに音楽小物のラインを加えて、メトロノーム、チューナー、パーカッション、ハーモニカを製品ミックスの構成要素に加える。製品ラインとアイテムが増え、多様性が拡大する。その結果、いまよりもより多くの消費者を獲得する可能性が高まる。ただし、ラインとアイテムを増やし多様性を拡大した分だけ、製造費用、流通費用、在庫

※ Philip Kotler and Gary Armstrong, *Principles of Marketing*, Fourth edition, Prentice-Hall, Inc. 1989, pp. 267-269（村田昭治監修、和田充夫・上原征彦訳『マーケティング原理―戦略的アプローチ―』ダイヤモンド社、1983年、29ページ）.

76

図表４－２　製品ミックス

	製品ライン・広がり			
製品アイテム・深さ	A. 鍵盤楽器	B. 弦楽器	C. 打楽器	D. 管楽器
	ピアノ 電子ピアノ エレクトーン ポータブルキーボード	ギター エレキギター バイオリン チェロ ベース	ドラム デジタルドラム マラカス クラベス	サックス フルート クラリネット トランペット ホルン

　費用、販売促進費用、その他取り扱いの手間ひま等の費用が余分にかかってくる。

　逆に、図表４－２において、A・鍵盤楽器、B・弦楽器、C・打楽器、そしてD・管楽器の４ラインから、C・打楽器とD・管楽器のラインを削除したとする。製品ラインとアイテムが減少し、種類が少なくなるという意味で取り扱う製品の類似性が高まる。その結果、打楽器の好きな人、管楽器の好きな人という音楽愛好家は、当該企業に関しては顧客であることを止める。必然的に、いままでよりもより少ない消費者という結果になる。しかし、不幸中の幸い、ラインとアイテムを減らし類似性が増した分だけ、必要な費用は減少する。

　製品ラインとアイテムの数、多様性・類似性の程度は、消費者の多様なニーズに対応することによる成果と製品管理に要する諸費用

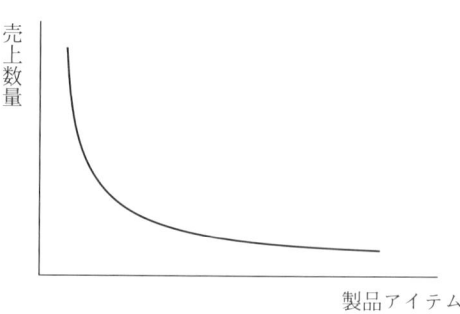

を勘案することによって、決定しなければならない。

一方、インターネット市場においては、製品ラインとアイテムの数に関して、ロングテール（Long Tail）という考え方も出現している。ロングテールとは、(恐竜の)「長いしっぽ」という意味である。縦軸に売上数量をとり、横軸に企業のもち駒である製品アイテムを人気の高さ順に左から順番に並べると、「図表4－3 ロングテールの図」のように示される。それは、あたかも恐竜が左を向いて、その尾がながーく右に伸びている様を呈する。このながーく伸びている部分をロングテールといい、潜在的に大きな可能性を秘めたニッチ市場ととらえる考え方である。

提唱者のクリス・アンダーソン（Chris Anderson）は、インターネットの時代、このながーく伸びている部分の製品アイテムから、広く浅く、利

図表4－3　ロングテールの図

（縦軸：売上数量、横軸：製品アイテム）

益を得る可能性が大きくなっており、結果として無視できない重要なニッチ市場となっていると主張するのである※。

人気のない製品アイテムでも扱っている限り、いつかは売れるときが来る。しかし、そのいつかは売れるであろう製品アイテムは、通常は、空間を占有するというコスト（在庫コスト）がかかり（たとえば書籍であるならば、幅1〜3センチ程の空間を占める）、そこには賃貸料、光熱費、人件費、製品管理費等、その他の諸経費がかかってくる。人気のない製品を取り揃えば取り揃えるほど、その維持コストはそれに比例して大きくなる。いつかは売れるであろう製品アイテムから、「たまに」得られる売上金額とそれらにかかるコストを差し引き、どれくらいの利益が見込まれるかという視点に立つと、当然、それらはあまり利益を生み出さない製品群とみなされる。したがって、それらは、従来、製品廃棄、あるいは取り揃え範囲外の製品とされたのである。

しかし、製品アイテムの在庫コスト等が比較的にかからない場合、たとえば音楽CD、書籍、映画DVD、音楽曲ダウンロード等の場合、インターネット時代のネット販売、通信販売等においては、消費者が頻繁に購入しなくても、人気の低い製品アイテムでさえ、潜在的消費者が近辺に存在

※ クリス・アンダーソン（Chris Anderson）著、篠森ゆりこ訳『ロングテール―アップデート版―』早川書房、2009年。

していなくても、浅くとも広く存在してさえいれば、一定の売り上げは必ず得られる。この場合、取り扱い製品アイテムにかかるコストと、そこから得られる売上金額の相対的な比較をすると、十分に採算が合うと言われる。ここに、従来は切り捨てられていた市場が、ニッチ市場として、大きなビジネスチャンスとして存在しているのである。現実の書店では、売場面積も書棚も物理的な制約がある。しかしアマゾンドットコムのようなネット書店には、それらの制約がない。通常頻繁に売れない書籍は、現実の書店では店舗の陳列、あるいは在庫としてもつことが困難である。一方、ネット書店では、物流センター等に集中して在庫としてもつことが比較的可能である。それら頻繁に売れない書籍を、浅く広く存在する潜在的消費者に買ってもらうことによって採算ベースが合うことになる。

また、ロングテールをもつことによって、売り手は、消費者からの特別なロイヤルティ（愛顧）を獲得するかもしれない。なかなか手に入れられなかったモノ（製品）を手に入れた喜び、あるいは企業に対する「信頼」を、消費者に強く印象付けられうる、という視点をもつことも必要かもしれない。

80

4. 製品ライフサイクル（製品の寿命）

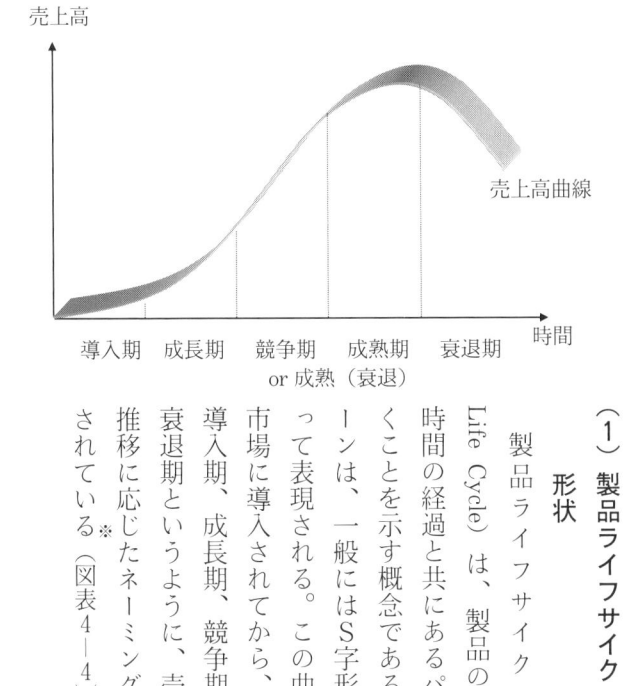

図表4－4　製品ライフサイクルの理念形

売上高

売上高曲線

導入期　成長期　競争期　成熟期　衰退期　　時間
　　　　　　　or 成熟（衰退）

（1）製品ライフサイクルの概念と形状

製品ライフサイクル（Product Life Cycle）は、製品の売上高が、時間の経過と共にあるパターンを描くことを示す概念である。そのパターンは、一般にはS字形の曲線によって表現される。この曲線は製品が市場に導入されてから、時間順に、導入期、成長期、競争期、成熟期、衰退期というように、売上高の高低推移に応じたネーミングと区分がなされている※（図表4－4）。

※ファッション、流行商品、最近の技術革新の速い製品は、このようなゆるやかなS字形の曲線というよりも、最初から突然に売り上げが急上昇し、急激に下降するという逆U字型の曲線を描くことも多い。

81　第4章　製品戦略

（2）製品ライフサイクルの各区分の諸特徴

　S字形の製品ライフサイクルというこの曲線の形と進行スピードは基本的には、売り手側と買い手側の両者の論理から導かれる。売り手側の生産の都合、製品価格（コスト）の高低、プロモーション進捗度、流通チャネルの整備状況、一方、買い手側の消費者にとっては、製品の生活への影響度の大きさ、便利性の程度、そして製品の認知度の程度が大きく関係する。
　一般的な製品ライフサイクルについて、導入期、成長期、競争期、成熟期、衰退期における消費者、製品、価格、流通、プロモーション、利益のそれぞれの特徴をまとめると下記のようになる。

〈導入期〉

消費者：新製品にたいする認知率がまだ低い。一部の革新的な人々（新しもの好き、目立ちたがり屋）が購入する。

製　品：いまだ完成品とはいえず機能的改良が必要である。技術およびノウハウの優位性を追求（コスト低減も含めて）。生産数量がまだ低いために、生産コストが高い。

価　格：生産コストが高いために、価格も高い。

82

図表 4 − 5　製品ライフサイクルにおける特徴

		導入期	成長期	競争期	成熟期	衰退期
消費者		低認知率，革新者が購入。	認知率拡大。オピニオンリーダーの購入から普通の人々へ，急速な売り上げ増加。	一般の消費者への拡大。製品に関して選択眼が発達。	保守的な消費者層も購買。需要横ばい。新規需要から買い換え需要へ。	遅滞者が購入。革新的な消費者はすでに次の新製品を購入。
マーケティング・ミックス4P	製　品	機能的未熟，製品改良生産方法改善。	本来的機能の製品差別化と付随的機能の改善。積極的投資。競争企業の参入。	競争の激化。競争企業間の製品に機能的品質差がなくなる。	製品改良やモデルチェンジの実行。次の新製品の開発がはじまる。	生産設備の縮小，廃棄。同様の機能を果たす他の新製品が出現。
	価　格	高価格。	生産数量増加 → コストの低下。だが，価格はいまだ高い。	生産数量の急拡大 ▷コストの激減。競争による価格低下。	価格競争の出現 → 急速な低価格化。	コスト割れ寸前の超低価格。
	流通チャネル	限定的製品知識，修理等のサービスの徹底。	流通チャネルの拡大 ⇔ 多くの消費者が入手可能。	流通チャネルの効率化を目指す。	流通チャネルの整備と再構成。	流通チャネルの整理。
	プロモーション	基本的需要の掘り起こし。新製品の存在，利点，使用方法等の情報提供。広告効果出ず。	自社製品の購入訴求。情報提供から → 説得的プロモーションへ。積極的なプロモーション活動。	2・3次的機能差の製品差別化を訴求。マーケット・シェアの奪い合い。ブランドロイヤルティの形成。	市場細分化とターゲット・セグメント。小さな製品改良と付加的機能の追加。	即時的な効果をもつ販売促進手段（値引き，景品など）に頼る。市場撤退プログラム。
利　益		先行投資のため，まだ出ず。	当初の高い製品価格により → 急速な利益増加。	競争による販売促進費の増加 → 利益やや減少。	価格競争と売り上げの頭打ちにより利益は減少。市場は寡占化の傾向。	最悪の場合は赤字になる。

流通：新製品を扱ってくれる流通チャネルが限られているので、チャネルの開拓が必要である。その場合、商品知識、修理・アフターサービス等の保証の問題を考慮すると、いくつか特定の選択的流通経路を選択することになる（選択的あるいは閉鎖的流通経路）。またチャネル構成員にたいして、新製品に関する商品知識教育を徹底することも必要である。

プロモーション：重要なことは、基本的需要の開拓である。競争よりも需要の掘り起こしに集中力を注ぐ必要がある。この段階においては、特に消費者にたいしては情報提供的な方法を取る。新製品の存在、利点、そして使用方法に関して消費者に情報伝達を行う。それは、パブリシティの利用、消費者教育、あるいはきっかけ作りとして無料サービスやサンプル（試用）の提供などを行うことにより積極的に行う。広告効果はまだはっきりとは出てこない。

利益：いまだ出ず。先行投資を回収するにはまだ時間がかかる。

〈成長期〉

消費者：ほとんどの消費者に認知されてくる。当該製品分野のオピニオン・

84

リーダー的な人々が購入し、続いて普通の人たちが後に続いてくる。購入者が急速に増え始める。

製　品：生産・販売の数量が増えたことによる規模の経済性により、生産コストが下がる。製品の付帯的な部分修正と改良が行われる。将来の消費拡大を見越して、積極的投資が行われる。競争企業が参入。ある企業は先発企業の製品をコピーしたような、まったく同じような製品をもって市場に入ってくる、またある企業は機能面、あるいはデザイン面に若干の改良を加えて参入してくる。

価　格：いまだ高い。

流　通：消費者が欲しいと思ったときに、どこででもすぐに購入できるように、流通チャネルの拡大が行われる。

プロモーション：知らせることから説得することへ、好意的な態度の形成が意図される。自社製品あるいは自社ブランドを購入してもらうための選択的需要およびブランド需要の開拓が行われる。市場の方向づけを明確にする。本来的機能差による製品差別化を積極的に推進する。将来のために多額の販売促進費用を支出する。

利　益：高い製品価格により、利益が急速に拡大してくる。

85　第4章　製品戦略

〈競争期〉

消費者：一般の人々が購買者として多数存在する。一方、多くの企業が市場に参入してくる。その結果、消費者の製品に関する選択範囲が広がり、自身の欲求と使用状況に最も適した製品・ブランドの選択が可能となる。製品選択のための製品知識も豊富になる。

製　品：企業間の競争が激しくなる。大量生産が軌道に乗り、生産コストが激減する。製品間における機能的品質差がなくなる。この段階においては、競争企業間の製品に本来的機能の差がそれほど見られなくなるために、2・3次的機能（色、スタイル、パッケージングなど）による製品差別化を強調することになる。

価　格：競争によりやや低価格化。

流　通：生産の部分から流通の部分へコスト削減努力の焦点が移行する。流通チャネルの効率化を考える。

プロモーション：企業間のマーケットシェアの奪い合いを強く意識する。マーケットシェアの拡大が至上目標になる。そのために、需要の積極的フォロー、つかまえた客は逃さないという方針の下、消費者の好意的な態度の維持、ブランド・ロイヤルティの形成を狙う。

86

利　益：過度の競争による販売促進費の増大のため、やや減少。

〈**成熟期**〉

消費者：一般に製品知識が豊富になってくる。保守的な人々が購買する。全体的には、需要の伸びが止まり、横ばい状態になる。新規需要が減少し、買い換え、買い増し需要が生じてくる。

製　品：生産効率の悪い設備の整理。売り上げを刺激するため、製品改良やモデルチェンジが行われる。次の新製品の開発が始まる。

価　格：価格競争の激化により、より低価格。

流　通：流通チャネルの整備と再構成をすることにより、売上減少による利益減少を補う。

プロモーション：市場細分化を行い、いくつかの特定の市場に集中し、きめ細かなプロモーションを行う。小さな改良や付加的機能を付け足して、それを消費者に訴える。あるいは、消費者の感性に訴えるイメージ広告を行う。見込みのない過度の販売促進費用の支出を抑える。市場に寡占化の傾向が現れる。

利　益：価格競争と売上増頭打ちのため利益は減少。

〈衰退期〉

消費者：世の中の遅滞者といわれる世間に疎い人々が購買する。同様の欲求を満たす代替製品の出現、あるいは消費者の好みや生活様式の変化により当該欲求をみたす既存の製品にたいする需要が減退。革新的な消費者は、すでに他の新製品に移行している。

製　品：製品ラインの縮小。生産設備の廃棄あるいは転換を行う。生産はより少数の売り手に集中されてくる。

価　格：コスト割れ寸前の超低価格。

流　通：流通チャネルの整理。

プロモーション：即時的な効果をもたらす販売促進手段（値引き、景品など）に頼る。市場撤退プログラムを考える。修理サービスや部品の供給体制を残し生産を中止する。

利　益：最悪の場合は赤字になる。

製品ライフサイクルの概念において、重要なポイントは2つである。製品には寿命があるということ、そして製品ライフサイクルの各段階においての戦略のメリハリをつけるということである。

88

5. イノベーションの採用者カテゴリー

イノベーション普及研究で有名なE. M. ロジャース（E. M. Rogers）によるイノベーションの採用者分布という概念がある[※]。この概念と製品ライフサイクルの概念の間には、ある種の符合がある。それを見てみよう。

ある社会における人々を、イノベーション（新しいアイディア＝新製品）の採用の時間的順序にもとづき、非累積的にその数量分布を示すと図表4―6のようになる。この分布をイノベーションの採用者カテゴリー分布という。この非累積的分布を累積的に表現すると、製品ライフサイクルのS字形曲線と類似の形になる。したがって、それはそれぞれの時間順序における採用者は、製品ライフサイクルのそれぞれの期に購買する人々とある程度対応関係にあるといえる。

以下、それぞれの時間順序における採用者の特徴は下記のようになる。

革新者（冒険）‥新し物好き、大胆不敵さ、危険性を求める（奇人、変人）。社会システムから少々外れ気味である。経済力はある。他の人の声「あいつ、ちょっとやり過ぎだよなー」。

[※] Everett M. Rogers and F. Floyd Shoemaker, *Communication of Innovations*, The Free Press 1971, pp. 175–185.

E. M. ロジャース（Everett M. Rogers 1931年〜2004年）
写真出所：http://www.popentertainmented.com/ より。

図表4－6　イノベーションの採用者カテゴリー

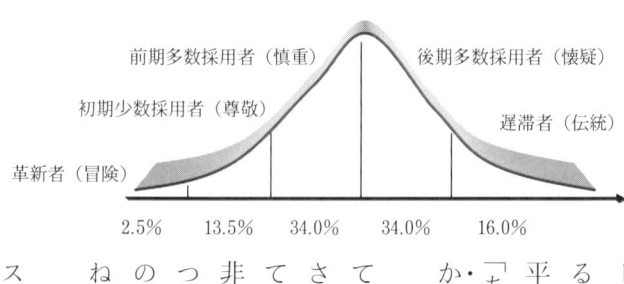

前期多数採用者（慎重）　　後期多数採用者（懐疑）
初期少数採用者（尊敬）　　　　　　遅滞者（伝統）
革新者（冒険）

2.5%　13.5%　34.0%　34.0%　16.0%

初期少数採用者（尊敬）：オピニオン・リーダー。社会システムの中で中心的な部分となっている。革新性に関して、世の中の人より少し早く、平均値からあまりはなれていない。他の人の声「あんな人になりたいなー。あの人センスあるし、かっこいいよね」。

前期多数採用者（慎重）：普通の人。「旧態を捨て去るに際しては、最後であってはならないが、さりとて新しいもの事を、最初に試す人間になってはならない」新製品の普及プロセスにおいて、非常に早く採用する人と比較的遅く採用する人をつなぐという特異的な位置を占めている。他の人の声「あの人って、すごく協調性があっていい人ね」。

後期多数採用者（懐疑）：保守的な人。社会システムの平均的な人々が採用した後に採用する。新しいアイディアの有用性に関して確信を抱いて

90

遅滞者（伝統）：孤立者。伝統的な価値観をもった人と主に相互作用している。価値判断の準拠点が過去。社会の変化、情報に疎い人。他の人の声「彼、何かにつけて半年ぐらい遅れているよねー」。

「あの人、少し慎重過ぎると思わなーい？」。

も、採用へと踏み切るためには社会的な圧力が必要である。他の人の声

6. ポートフォリオ分析

（1）ポートフォリオ分析の基本的考え方

ポートフォリオ分析（Portfolio Analysis）は、製品の相対的市場シェアと市場成長率に依存する収益性と投資必要性の観点から、企業の製品ミックス全体のバランスと個々の製品戦略を考察する手法である。この手法は、アメリカのコンサルティング会社のボストン・コンサルティング・グループ（BCG＝Boston Consulting Group）が開発したものである。※

ポートフォリオ分析の目的は、製品ミックスの視点から、資金の流れを効果的・効率的に管理することである。市場成長率と市場シェアを前提として、現在、収益力のある製品から十分な利益を獲得して、そこから得ら

※J・C・アベグレン＆ボストン・コンサルティング・グループ編著『ポートフォリオ戦略──再成長への挑戦』プレジデント社、1977年、28ページ。

ボストン・コンサルティング・グループ　米国ボストン本社が入っているビル。
写真出所：Google maps より。

91　第4章　製品戦略

れた利益を、今後、これから成長させようと思う製品に資金投入するというのがその流れである。そのための方法論が、ポートフォリオ分析である。

ポートフォリオ分析の基本的発想は、生産、事務、マーケティング等、すべての企業活動において、そこに必ず経験曲線の効果が働くということにある。経験曲線の効果（experience curve effect）とは、生産・販売数量が増えれば、経験による習熟が積み重ねられ（学習経験）、あらゆる部分において、製品1単位当たりにかかるコストが減少するということである。※

そこにおいて、大きな市場シェアの確保は、競争者に比較して同じ製品をより低コストで生産販売できることを意味する。競争者に比較して少し安く価格設定をすれば、より多く売ることができ、結果的により多くの利益につながる。あるいは、それを同じ価格で売るならば、同じ売上数量であっても、競争者よりもより大きな利益を得ることができる。そして、大きな利益とともに、より多く売れれば、またより低コスト低価格で同じ製品をより多く生産・販売できることを意味する。それは、良い方へ良い方へと循環していくことが示唆されるのである。

※「経験曲線の効果」の原点に「規模の経済性」（economies of scale）という言葉がある。規模の経済性とは、生産数量が増加するにつれて、製品1単位当たりの製品の生産コストが低下していくことである。生産数量の増加につれて、変動費（原材料費、エネルギー・光熱費、出来高賃金、特許使用料など）は増えるが、固定費（生産等諸設備費、固定的給料、研究開発費など）は、基本的には一定である。したがって、その固定費は、より少ない生産数量の時よりも、より多くの製品の数量に分配されることになる。その結果、製品1単位当たりのコストが低下する。これが規模の経済性である。

(2) ポートフォリオ・マトリックス

ポートフォリオ分析は、企業の製品を相対的市場シェアと市場成長率の2次元平面上に位置付けることから始まる。そして、製品のその位置付けの配置から企業の製品ミックスの効率を考えようというものである。相対的市場シェアが大きければ、生産・販売数量が大きくなり経験曲線の効果が大いに利用できる。市場成長率が高ければ、生産・販売数量の拡大のチャンスは大きくなる。また逆にそれは市場が安定していないために、企業のやり方に依存し、生産・販売数量の縮小に結びつく可能性も高くなる。どちらに転ぶかは大いに不安定である。ここで相対的市場シェアという言葉に関して注意点が必要である。相対的市場シェアというのは、トップの企業の製品の市場シェアと自社の製品の市場シェアを比較したものを指す。

ただし、業界においてトップに位置している企業は、業界2位の企業の製品市場シェアとトップの製品市場シェアを比較したものが相対的市場シェアとなる。後に第4節で、具体的な相対市場シェアの計算の仕方を記述する。

相対的市場シェアと市場成長率それぞれを高低の2分割に分類すると、2×2＝4つのセル（ます目）ができる。これをポートフォリオ・マトリ

図表4－7　ポートフォリオ・マトリックス

	高　　　　相対的市場シェア　　　　低
市場成長率　高	花形製品 Stars 維　持 ②	問題児 Question Marks 拡　大 ①
市場成長率　低	金の成る木 Cash Cows 収　穫 ③	負け犬 Dogs 撤　退 ④

ックスという。そして、4つのセルに含まれる製品をそれぞれ、問題児（Question Marks）、花形製品（Stars）、金の成る木（Cash Cows）、負け犬（Dogs）とネーミングする（図表4－7参照）。これらのそれぞれのセルに入る製品が、資金の流入と流出にたいしてどのような貢献をなし得るのかということを見る。

その場合に相対的市場シェアと市場成長率の程度に依存して、資金の流入と流出の程度が決まってくるとされ、そこから以下の4つのことが指摘できる。

①ある製品の利益率と現金流入量は、その製品市場における競争

上の地位に依存する、すなわち相対的市場シェアが大きければ大きいほど多くなる。

② 市場シェアの維持に必要な投入資金量は、市場の成長率の増加関数（市場の成長率が高ければ高いほど、必要な投入資金量はより多く必要であるという関係）としてとらえられる。

③ 市場シェアを拡大し、利益を向上させるためには、さらに余分の投下資金を必要とする。

④ 市場の成長が鈍化したとき、すなわち市場が安定してきたとき、はじめて過去の「成長の果実」を手に入れることができる。

これらの指摘にもとづき、それぞれのセルに入る製品の特徴は、以下のようにまとめられる。

問題児：相対的市場シェアが低く、市場成長率が高い。市場が成長期にあるので市場自体が固定化しておらず、ある意味でチャンスであり、またその逆である。したがって、市場シェアを拡大かつ確保するために、一般に大きな投資（現金流出）が必要である。

花形製品：相対的市場シェアが高く、市場成長率が高い。相対的に高い市場シェアを占めているので、現金の流入が多い。しかし同時に、市場成長率も高いために、その高い相対的市場シェアを維持するために多くの資金が必要である。プラス／マイナス相殺である。

金の成る木：相対的市場シェアが高く、市場成長率が低い。市場がある程度固定化しているので、相対的市場シェアを維持するための費用はそれ程かからない、一方、相対的市場シェアが現実に高いので、利益も大きく現金の流入が多い。企業の大きな収入源である。ここで得た資金を問題児製品の相対的市場シェアの拡大のために投入することができる。あるいは、将来のための研究開発に投入することもできる。

負け犬：相対的市場シェアが低く、市場成長率が低い。相対的市場シェアが低いので、利益水準が低い。そして、市場も安定的で、投入にたいする成果も容易には出てこない。したがって、すみやかにかつ経費をかけずに撤退することを考える必要がある。

製品ライフサイクルとポートフォリオ・マトリックス

製品ライフサイクルは、ある1つの製品を取り上げ、その成長―衰退を記述したものである。それにたいして、ポートフォリオ・マトリックスは、企業の複数の製品を同時に取り上げ、その成長―衰退の位置付けを相対的に行ったものである。ある1つの製品は、製品ライフサイクルに表現される導入、成長、競争、成熟、衰退という過程を経る。逆にそれをポートフォリオ・マトリックス上においてとらえると、問題児の位置にある製品は製品ライフサイクルの導入期、花形製品は成長・競争期、金の成る木は成熟期、負け犬は衰退期にあると解釈できる。

このように考えると、ポートフォリオ・マトリックスは、企業の取り扱っている製品の個々のライフサイクルをマトリックス上に複数個、同時に配置したものである。したが

96

図表4-8　ポートフォリオの望ましい形（勾玉の形）

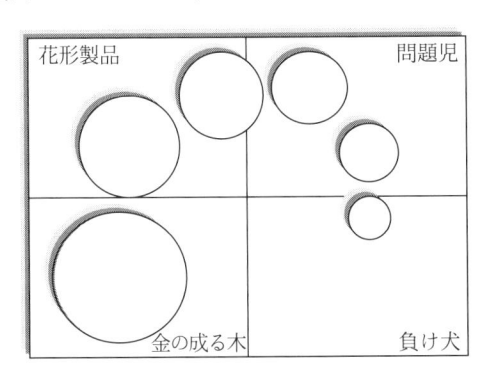

```
花形製品              問題児



金の成る木            負け犬
```

（3）ポートフォリオ・マトリックスの全体的バランスと資金配分

前節で記述したようにそれぞれのセルは、資金の流入と流出においてそれぞれ特徴がある。限られた資金を有効に配分することは、経営の重要な課題である。ある論者にいわせると、このポートフォリオ・マトリックスにおいては、すべてのセルに製品ミックスが均等にばらまかれて存在するというよりも、それら製品群は、全体として形容すれば「勾玉の形」を取るのが理想的であるとしている。それは、金のなる木を大きな重心として、そのセルから真上の花形製品のセルへ、そしてその右横の問題児セルの方向へむかって細く収束し、負け犬のセルにおいては

って、そこに描かれた製品の配置は、それらの製品の成長—衰退の全体的なバランスを見ることができる鳥瞰図といえる。

消滅するような形である（図表4—8参照）。金の成る木に最も売上高の大きな製品群が配置され、その次期候補として花形製品のセルにそれに次ぐ製品群が続き、そして問題児のセルはこれから拡大していくであろう製品群が存在する。一方、負け犬のセルには撤退を待つ売上高の小さい少数の製品群が残っているという状態である。

このように全体的バランスを整えた上で、あるいは整えるために、企業は資金の流れを次のように管理する。金の成る木をいかに多くもつか、あるいはいかにうまく次の金の成る木を育てるかが成功のポイントである。その方法は2つある。1つは、金の成る木から得られた資金を問題児に積極的に投資し、市場が固定化する前に花形製品に育てあげる方法である。もう1つは、研究開発（R&D）に投資して、次代の花形製品を直接作りあげる方法である。そして、花形製品を適切に維持し、金の成る木にうまく移行させる。ボストン・コンサルティング・グループの主張によると、この2つの方法しかないという。

(4) ポートフォリオ・マトリックスの描き方

ポートフォリオ・マトリックスの実際の描き方を順を追って説明してみ

る。

（4）―1　横軸と縦軸の描き方

① 横軸の描き方：横軸の相対的市場シェアは、左の起点から順次高から低へ数値が小さくなる。そして、その軸は対数目盛りで、高の部分ほど図上の距離に比較して数値の目盛りの間隔が大きく粗い、低の部分は数値の目盛りの間隔が小さく細かくなる。大体の目安として、1・0が高低の分割点である。

② 縦軸の描き方：縦軸の市場成長率は、起点から上に向かって数値が大きくなる。この軸は、通常の目盛りである（時により対数目盛りを使用することもある）。大体の目安として、描こうとする製品種類にもよるが、10・0％が高低の分割点である。

（4）―2　相対的市場シェアの計算の仕方

自社の製品の相対的市場シェアの位置付けは、自社の製品の市場シェアとトップの企業の製品の市場シェアとを比較することによって得られる。すなわち、自社の当該製品の市場シェア／トップの市場シェア＝相対的市

99　第4章　製品戦略

場シェアとなる。しかし、自社の製品がトップの場合は、自社の市場シェア／トップ製品のシェア／他社2位の製品の市場シェア＝相対的市場シェアとなる。たとえば、ある市場において、製品A、B、Cのそれぞれの市場シェアが以下のとおりであるとき、それぞれの製品の相対的市場シェアは次のように計算できる。

1. 40％　製品A
2. 20％　製品B
3. 10％　製品C

製品Bの相対的市場シェアは、20/40＝0.5となる。製品Cの相対的市場シェアは、10/40＝0.25となる。自社の製品がトップ製品の場合は、自社の当該製品の市場シェア／2位の製品市場シェアであるので、相対的市場シェアは、40/20＝2.0となる。

（4）-3　市場成長率の計算の仕方

市場成長率は、当該製品の属する市場の年間成長率（金額）で表す（製品によっては、月間単位で測定してもよい）。

市場成長率＝前前年度の売上高／前年度の売上高

（4）-4 ポートフォリオ・マトリックスに描かれる円の大きさの決め方

この円の大きさは、それぞれの製品の自企業内における相対的売上金額の大きさを示している。たとえば、製品Aを取り上げると、その売上金額が2億円、そして自企業における全体的な売上金額は5億円と仮定する。製品Aの自企業内における相対的売上高は、2億円／5億円である。この場合、円の大きさを単純化して、売上高1億円を直径1センチの円で表現することにする。そうすると、製品Aは、直径2センチの円で表すことになる。

いままでの数値を使って、製品Aをポートフォリオ・マトリックス上に描いてみよう。製品Aの相対的市場シェアは2.0であることが計算された。

図表4－9　製品Aのポートフォリオ・マトリックス上の位置と大きさ

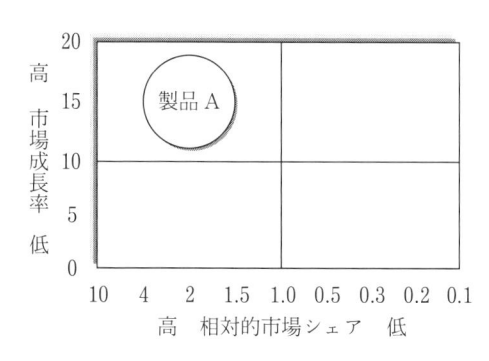

市場成長率はここでは15％と仮定する。そして製品Aの相対的売上高は2億円／5億円であり、それを直径2センチの円で示すことになる。それらをまとめると、製品Aは、ポートフォリオ・マトリックス上に図表4―9のように描くことができる。

7. ブランドとブランド・ロイヤルティ

（1）ブランド

ブランド（brand）とは、企業組織が市場に供給する商品やサービスを競争相手の商品から識別し、差別化するために付けられる名前、言葉、記号、シンボル、デザイン、あるいはこれらの組み合わせをいう。このブランド化は、企業と消費者にとってそれぞれ意味がある。※

企業にとっては、下記の意味がある。

① ブランドによって商品を固有名詞で識別し、商品の取り扱い全般を容易にする。
② ブランドネームやトレードマークは、競争者の模倣を防ぐための法律

※Philip Kotler, *Marketing Management : analysis, planning, and control*, Prentice-Hall, Inc., seventh edition, 1991, p. 443.

102

的保護の基礎である。
③商品が気に入られれば、再度同じものが買われ顧客の愛顧を得る機会を獲得する。
④ブランド（ネーム）を変えることにより、マーケット・セグメンテーションを可能にする。

消費者にとっては、下記の意味がある。

①他の商品と容易に区別できる（弁別）。
②いつも同じもの（同じ品質のもの）を買うことができる。
③ブランドを企業の他の商品に延長的に適用することにより、商品の品質等を予測でき、選択を効率化できる（汎化）。

このブランド化は製品差別化の一表現方法であり、消費者の指名買い「○○○ブランドを下さい」というプル戦略の基本である。

（2）ブランド・ネーム

ブランド・ネームの付け方は、基本形として3つのタイプがある。製品

ブランド・エクイティとは？

「ブランド・エクイティ (brand equity) とは、ブランド、そして、その名前やシンボルと結びついたブランドの資産と負債の集合である」と、提唱者の D. A. アーカーは言う。企業のもっているブランド、その名前やシンボル等は、企業にとって良い方向（資産：利益を生み出す）と悪い方向（負債：利益を減じる）の両者の効果・可能性をもっている。そこにおいて、それらブランドに関係した製品やサービスによって提供されるプラスの効果（ブランドの資産）とマイナスの効果（ブランドの負債）を相殺した結果が、ブランド・エクイティということになる。企業は、トータルでプラスの効果が発揮できる状態が、ブランド・エクイティとして、ブランド戦略がうまく機能していることになる。

ブランド・エクイティに関わるブランドの資産と負債の

103　第4章　製品戦略

図表 4 − 10　ブランド・ネームの種類

	個別ブランド	部分集合ブランド	全集合ブランド
個別ブランド	雑誌 BE-PAL，マキロン，ポカリスウェット	カローラシリーズ，液晶テレビ AQUOS シリーズ，カップヌードル	携帯電話 F○○○i，キリン・レモン，ニコン D40X
部分集合ブランド		男性化粧品タクティクス，カラムーチョ，害虫退治バルサンシリーズ	ヤマハギター L シリーズ，ソニー VAIO，富士通 FMV
全集合ブランド			カルピス，西友ノーブランド，味の素

個々にネーミングする個別ブランド、いくつかの製品を1セットにした部分集合ブランド、そして企業の取り扱っている全製品を1セットにした全集合ブランドの3タイプである。そして、これら3つのタイプを組み合わせると、さらに、6つのタイプが識別できる（図表4—10）。

個別ブランドの特徴は、企業そして企業の供給する製品個々が独立したものとして受け入れられる。したがって、好・悪イメージどちらも企業と製品あるいは製品相互に影響し合わない。部分集合ブランドは、いくつかの製品にたいして同一のブランドがつくので、その集合内部では同じレベルの製品と判断される。全集合ブランドは、企業集合、すなわちその内容は、下記の5つのカテゴリーにグループされる。①ブランド・ロイヤルティ、②名前の認知、③知覚品質、④知覚品質に加えてブランドの連想、⑤他の所有権のあるブランド資産—パテント、トレードマーク、チャネル関係など。ブランドの存在により、これら5つの内容が、顧客と企業にたいして、次のような効果をもちうるのである。

顧客にたいしては、ブランドがあることにより、製品やブランドに関する巨大な情報量を解釈し、処理し、貯蔵するのに役に立つ、過去のブランド経験により、購買決定における確信に影響を与える。知覚品質やブランド連想が使用・経験の満足を高める、という効果をもつという。一方、企業にとっては、新しい顧客と古い顧客の獲得、維持、ブランド・ロイヤルティの強化、プレミアム価格の設定（他社よりも少し高価格）、ブラ

の供給する全製品が、同一的製品とみなされる。製品個々の独立性を訴えたいときには個別ブランドが有効、複数の製品における共通性を訴えたいときには部分集合ブランド、全集合ブランドが有効である。このそれぞれの特徴において一長一短があるので、それを克服する方法として、これらを組み合わせたブランド・ネームの付け方が試みられる。ブランドの独立性をある程度維持しながらも、良いイメージをもたれているブランド力を他の製品にも生かしたいと考えるときには、部分集合・個別ブランドの組み合わせでブランド・ネームを設定する。

(3) ブランド・ロイヤルティ

ブランド・ロイヤルティ (brand loyalty) は、学習の結果としての一種の習慣形成で、消費者がある特定のブランドを繰り返し購買することをいう。いま少し厳密に述べるならば、ブランド・ロイヤルティの条件、意味は次のようになる。

① いくつかの代替ブランドの中から選択できるという状況がある。
② 偶然の選択ではなく、好意、選好、というものが存在している。

ドの拡張（他の製品分野への使用）、流通チャネルのテコの可能性（流通業者からの協力の獲得）、競争優位の獲得（参入障壁等）、という効果をもつ。

ブランド・エクイティ概念は、米国のマーケティング事情である短期的な売り上げ増大、利益志向を反省する視点から発想された。時間をかけて育てるブランドという視点、概念をもち込むことにより、長期的な視点をもったマーケティング戦略の必要性を唱えたものである。

D・A・アーカー著、陶山計介他訳『ブランド・エクイティ戦略——競争優位をつくりだす名前、シンボル、スローガン——』ダイヤモンド社、1994年。

105　第4章　製品戦略

③ある特定のブランドを購買し続ける。

したがって、消費者が、いくつかの代替ブランドの中から選択できるという状況において、偶然ではなく、好意、選好というものが存在したうえで、ある特定のブランドを購買し続けることをブランド・ロイヤルティの形成という。

企業にとって消費者によるこのようなブランド・ロイヤルティの形成は必要なことである。ただし、ブランド・ロイヤルティは表面的なネーミングなどで獲得するのではなく、製品の機能の十分な遂行、消費者の満足の結果として付いてくることが大切である。

第 5 章

価格戦略

1. 企業と消費者の価格にたいする視点の違い
2. 消費者の価格にたいする認知
3. 価格決定
   (1) 価格の決定（制約）要因　(2) 企業の価格決定方法
   (3) 価格決定例
4. 価格決定の意味
   (1) 参入障壁　　　　　　　(2) 市場の細分化
5. 価格戦略
   (1) 中価格戦略　　　　　　(2) 低価格戦略
   (3) 高価格戦略
6. 価格戦術
   (1) 流通チャネルにたいする価格戦術
   (2) 消費者にたいする価格戦術
7. 価格と製品品質の組合せ戦略

マーケティング範囲の図

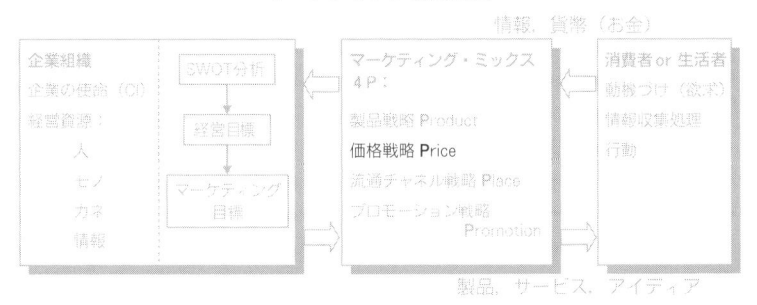

情報，貨幣（お金）

企業組織		マーケティング・ミックス 4P：	消費者 or 生活者
企業の使命（CI）	SWOT分析		動機づけ（欲求）
経営資源：		製品戦略 Product	情報収集処理
人	経営目標	**価格戦略 Price**	行動
モノ		流通チャネル戦略 Place	
カネ	マーケティング目標	プロモーション戦略 Promotion	
情報			

製品，サービス，アイディア

マーケティング・ミックスの4Pの1つである**価格**（Price）は、企業が製品を消費者に供給する見返りに、消費者からもらう金額数値である。それは、消費者が製品を手に入れるために、必ず支払わなければならない対価である。消費者が企業の製品を認めた証が、企業の受け取る金額数値である。そこにおいて、価格は企業の利潤に直接反映するという意味で重要な変数である。

1. 企業と消費者の価格にたいする視点の違い

企業と消費者は製品を見るとき、図表5−1に示されるように同じもの（製品）を異なった視点から見ている。企業はコストの側面から効用という色眼鏡を通して製品を見ており、消費者は効用の側面からコストという色眼鏡を通して製品を見ている。企業は製品を評価するとき、あるいは戦略を考慮するとき、コストを起点として製品の機能、構造・スタイル、材質を考える。消費者は自身から見える効用を起点として、製品の機能、構造・スタイル、材質を考え、評価する。

つまり、企業の製品戦略等の思考の起点はコストであり、一方、消費者

108

図表5－1　企業と消費者の製品を見る視点の違い

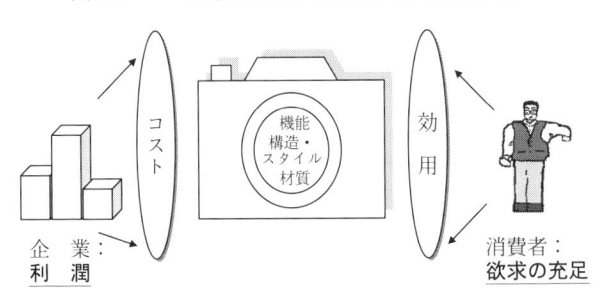

企　業：**利　潤**

消費者：**欲求の充足**

コスト

機能・構造・スタイル・材質

効用

の製品を評価するときの起点は効用である。企業の視点に立つと価格決定において、ついコストを意識しがちである。しかし、消費者の視点に立つと、製品のコストは見えない、わからないという位置にある。その位置においては、製品のコストは一切関知することなく、製品を効用の側面のみにおいて評価する。ここに企業と消費者の間に製品に関する見方のギャップが生じうる。このような企業と消費者の製品に対する見方の違いが存在することを、企業は意識することが大切である。

2. 消費者の価格にたいする認知

消費者は価格にたいして2つの側面を見る。製品の購買意思決定における購買の対価（cost）の側面と評価の指標（index）の側面

109　第5章　価格戦略

図表 5 − 2　購買の対価としての価格と需要量の関係

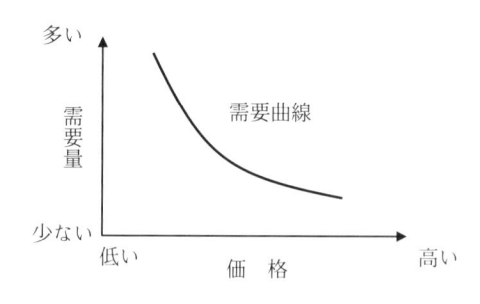

である。

価格を購買の対価としてみた場合、消費者全体的には、需要の価格弾力性（price elasticity of demand）という用語に示されるように、価格が高くなれば需要量は減り、価格が低くなれば需要量は増える。需要曲線は右下がりになる（図表5−2）。個人的には、経済的合理性（所得制約）にもとづく個人の効用極大化を前提とするならば、消費者は代替製品間の選択において、価格の低い（安い）方を購買する。つまり、同じような効用がある製品が2つ以上あった場合、消費者は価格の低い製品の方を購入するということである。低い方の製品を購入すれば、より多くの製品を購入できる。いわゆる消費者合理性の発揮である。

評価の指標として価格は、製品の機能・品

図表 5 − 3　購買の評価の指標としての価格と需要量の関係

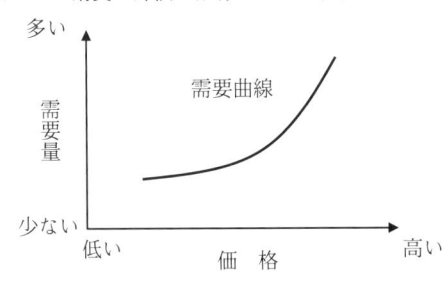

質の善し悪し、効用の充足度を判断するための目安となる。消費者が購買しようと思う製品にたいして、それが自身の求める効用を満たし得るかどうかを判断しようとするとき、基本は製品自体の機能、構造・スタイル、材質を見て、触って、あるいはそれに関する説明のパンフレットを読んだりして判断する。

さらに、製品に付随しているブランド・ネーム、パッケージ、サービス・システム（保証、アフター・サービス）、広告などを見てこの製品は十分いけそうだ、あるいはいけそうでないと判断する。

しかし、それら判断に関して手掛かりが不十分、あるいは判断に自信がもてないとき、消費者は価格をその評価の指標として利用する。製品の価格を評価の指標として利用する要因としては、大きく分けて製品特性、消費

111　第 5 章　価格戦略

者特性、状況特性の3つがある。

製品特性：機能・品質評価ができない場合
　　　　　複雑、高価格、革新的な新製品である場合
消費者特性：製品知識が少ない場合
　　　　　評価ができない場合
　　　　　関心がない場合
　　　　　忙しい場合
状況特性：機能・品質評価のための他の手掛かりがない場合
　　　　最初の購買、知覚されたリスクが大きい場合
　　　　緊急に意思決定しなければならない場合

この場合、消費者は価格が高ければ、製品の機能・品質が良いと判断し、効用を満たしてくれるだろうと考える。反対に価格が低ければ、機能・品質が悪く、効用を満たし得ないであろうと考えるため、需要曲線が右上がりになる（図表5－3）。結果として評価の指標でみると、価格が高ければ需要が増加する。価格が安ければ需要が減少する。

図表5-4 価格の決定要因

```
価格＝f（　目標＋戦略その他，コスト，　需要，　　競争　）
                    ⇩          ⇩       ⇩
                   自企業    消費者   競争企業
```

(注) 上式でfは，function（関数）の頭文字のfである。左側の「価格」は，右側のf以降のカッコ内の変数に関係している，あるいは，変数によって決まってくるということを表現している。したがって，式全体の意味は，価格はカッコの中の要因，すなわち目標＋戦略その他，コスト，需要，競争の程度に依存して決まってくるということを表している。

3. 価格決定

(1) 価格の決定（制約）要因

価格の決定（制約）要因として、企業の内部要因と外部要因がある。内部要因としては、企業の経営目標、マーケティング目標、戦略、業界における地位、マーケティング・ミックスの価格以外の変数、製品の差別化の程度、製品ライフサイクル上の位置、コストなどが挙げられる。外部要因としては、生活者、消費者、ターゲット・ユーザー、競争企業、流通（流通チャネル、原料供給業者）、法的規制、一般的経済状態などが挙げられる。このことを簡略化して、関数表現で示すと図表5-4のようになる。

113　第5章　価格戦略

これらの中において、企業の価格決定において強く制約要因として関係してくるのが、内部要因としてのコスト、外部要因としての消費者、そして競争企業の3つの要因である。それは、換言すると企業のコスト、そして消費者の需要、競争企業の競争の問題といえ、それらの程度によって決まってくる。したがって、企業は経営目標、マーケティング目標、そして戦略を達成あるいは遂行するために、これらの要因をどのように考慮するか、どれを重視するかということが、価格決定の重要なポイントになる。

(2) 企業の価格決定方法

(2)—1 コスト志向

コスト志向的な価格設定方法は、メーカーにおいてはコスト・プラス法（費用付加型価格設定方法）、流通業においてはマーク・アップ法（値入れ型価格設定方法）と呼ばれるものである。どちらも、その価格は単位当りコストあるいは仕入値に一定の割合のマージンを加えたものである。このマージンの大きさは、投下資本や総費用にたいして達成したいと思う目標利益から決められるべきであるが、一般には過去の利益から決められる傾向がある。この方法は、まずコストがあって、その上に適当と思われる

損益分岐点

損益分岐点（Break-even point）とは、企業の収益の損失と利益の境目をいう。より具体的に述べると、売上高（生産数量）がある水準点になると、それ以上においては利益が生じ、それ以下では損失が出るという売上高（生産数量）の多少に依存した損益の境目がある。それを損益分岐点という。それは、売上高にたいする収益と生産に要する費用額とが同額になる点、すなわち損益がゼロになる点である。この点は、売上高（生産数量）、そしてその生産に必要な固定費と変動費に依存して決まってくる。

固定費は、一定の生産・販売能力のもとで、操業度の増減にかかわらず一定期間におけるその総額が、短期的には不変である原価要素をいう。一方、変動費は、一定の生産・販売能力のもとで、操業度の増減に応じて一定期間におけるその総額が変動する原価要

114

図表 5 - 5　コスト志向的な価格設定方法

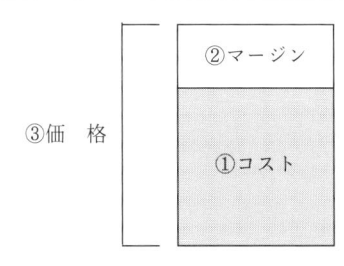

③価　格　｜　②マージン／①コスト

①単位当たりのコスト・仕入れ値＋②一定の割合のマージン ⇒ ③価　格

一定の割合のマージンを上乗せするという手続きをとるために、価格は生産効率の結果として表現されることになる。企業がコスト志向的な価格設定するときの優先順位は次のようになる。

① コストあるいは仕入れ値を決める。
② マージンを決める。
③ 価格を設定する。

これを図にすると、図表5－5のようになる。

コスト・アップ法を例で示すと、ギターを製造する場合に製造原価を5万円とする。それに対してマージンを1万円に設定し、6万円の価格として売る。次にマーク・アップ法を例で示す。あるスーパーで缶コーヒーの仕入れ値90円として、1本当たりのマージンを

素をいう。前者には、固定資産税、定額法による減価償却費、不動産の賃貸料、保険料、基幹要員の給料などが含まれる。後者には、直接材料費、出来高払賃金、監督者給料、燃料費、生産高比例法による減価償却費、電力料、特許権使用料、販売手数料などが含まれる。

具体的な数値例で、損益分岐点を求めてみよう。前述のコスト志向的な価格設定方法の数値例で損益分岐点を求めてみる。まず、縦軸をy（売上高、費用、損益：金額数値）、横軸をx（生産数量）として、売上高直線、総費用直線、固定費を描いてみる。設定された製品の価格が120円、固定費が100,000円、単位当たり変動費が80円である。

売上高yは、生産された数量がすべて売れると仮定すると、単位当たり価格×生産数量なので、下記の(1)式になる。

20円と見込み、価格を110円で販売する。

(2)−2　需要志向

需要志向的な価格設定方法は、消費者の製品にたいする期待効用と価格にたいする認知にもとづいて、価格を決定するものである。

ある機能（効用）をもった製品にたいして、ターゲット消費者が、受容するであろう価格水準を設定し、その価格のもとで需要予測を行い、コストとマージンを配分する。最初に販売価格があり、その後にコストとマージンが決定され、細かな品質機能水準が決定されるのである。

企業が需要志向的な価格設定をするときに優先する順番は次のようになる。

① **価格を設定する。**
② マージンを決める。
③ コストが必然的に決まる。

図表 5 − 6　需要志向的な価格設定方法

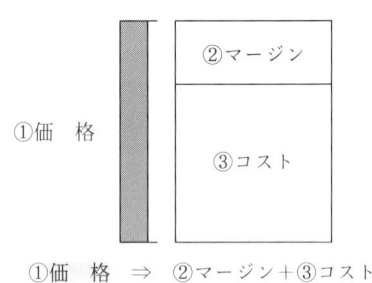

①価　格

②マージン
③コスト

①価　格　⇒　②マージン＋③コスト

総費用 y は、固定費＋変動費＝固定費＋単位当たり変動費×生産数量なので、下記の(2)式になる。

y＝120x　(1)

y＝100,000＋80x　(2)

上図を見るとわかるように、ある点において、売上高直線 a と総費用直線 b が交わる。そこにおいてそれぞれの直線

a. 売上高　y＝120x
b. 総費用　y＝100,000＋80x
c. 固定費　y＝100,000

損益分岐点

売上高
費用
利益

生産数量

116

これを図にすると、図表5—6のようになる。

需要志向的な価格設定方法を書籍の例で示すと次のようになる。まず企業が狙うべきターゲット・セグメントを決める。そして、その消費者が購入するであろう書籍の価格を1,500円と推定する。次に、企業が得たい利益を300円とする。その結果、コストが1,500円—300円＝1,200円と決まる。

（2）—3　競争志向

競争志向的な価格設定方法は、競争相手の設定する価格との比較において、価格を設定するものである。

① 競争相手の販売価格を知る。
② 自社企業の販売価格を考える。
③ 価格を設定する。

価格設定水準は、競争相手と同一である必要はない。また、自社の製品と競争他社の製品との間にあまり機能的、品質的差異のない場合は、価格は同じか非常に接近したところに設定する必要がある。そしてこの方法は、

の上下が逆になり、売上高の方が総費用より大きくなる。その点が収益の損失から利益への変換点である。数学的には、非常に単純な話で、両直線の交点、すなわち(1)式と(2)式からなる連立方程式の解を求めれば良いことになる。(1)式を(2)式に代入し、xを求め、さらに y を求めると、$x=250$ 個、$y=20,000$ 円となる。生産数量250個のとき、売上高300,000円、総費用300,000円であり、この点が損失と利益を分ける損益分岐点である。

企業は、その売上高を250個以上にすれば、損益分岐点以上の状態になり、そこからの売り上げは利益が出ることになる。250個以下の場合は、損益分岐点以下の状態であり、いまだ売り上げから利益を回収できない位置である。

117　第5章　価格戦略

図表5－7　競争志向的な価格設定方法

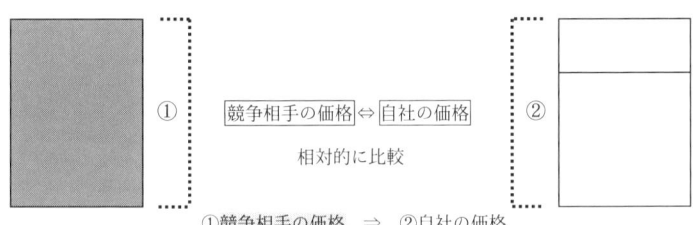

競争相手の価格 ⇔ 自社の価格
相対的に比較

①競争相手の価格　⇒　②自社の価格

（注）この場合，競争相手のコストとマージンは自企業には見えず，価格のみしかわからない。

競争相手との相対価格が常に強く意識され、価格とコストの関係は重要視されない。図で示すと、図表5－7のようになる。

競争志向的な価格決定方法を例で示すと、あるスポーツ用具メーカーが新しいテニスシューズを販売することを決めたとする。そこで市場の価格を調査した結果、他の企業が7,000円から9,000円の間で売り出していることがわかったので、自社は利益が出る範囲でかつ売れそうな範囲の価格として、6,500円で販売することに決定した。そして、その6,500円の範囲内で、コストとマージンを決める。

（2）－4　価格決定例

上述のコスト志向、需要志向、そして競争志向のような価格の決定要因のもとにお

118

いて、企業は価格戦略を実行する。説明の都合上、企業の価格決定要因を3つに分類してそれぞれ個別に説明したが、いずれか1つの要因によって価格が決まるということはあり得ない。現実の企業にあっては、これらの要因が相互に影響し合いながら、それぞれがそれぞれの重みづけをもって、相対的な力関係のもとに価格の決定に影響を与える。企業の目標、戦略、市場の状況、製品の特性などにより、コストを重視するのか、需要を重視するのか、それとも競争を重視するのかが、臨機応変に異なってくるのである。

上述のことを例で示すと次のようになる。あるゲームメーカーが、新しいゲームソフトを開発し、市場に導入しようとした場合、考えなければならないことは、以下のことである。

① この商品にかけることのできる人材、時間、資材、設備、道具はどれくらいか。今回は、企業の総力を結集して、資源を積極的に投入した。コスト＝自企業に関係。
② 消費者が求めるゲームのジャンル、内容、音・映像の再現度、ゲームレベル（難易度）などが消費者のいまのニーズ、欲求に適合している

かどうか、それが消費者が求めやすい価格、あるいは支払いたいと思う価格であるかどうか。需要＝消費者に関係。

③他のゲームメーカーで同じようなタイプのゲームソフトが6,800円近辺で多く販売されている。競争＝競争企業に関係。

この状況において、このゲームメーカーは、①のコスト要因を優先して、多大な先行投資をしたので早急に回収したいと考え、8,300円と価格設定するかもしれない。それとも、②の消費者の需要を考慮して、消費者はこのレベルのゲームに対して、7,800円までなら、支払いそうだという感触を得ていたならば、この7,800円で市場に投入するかもしれない。あるいは、③の競争を意識して、とりあえずの消費者への浸透を第一優先に、競争企業の価格が一般的に6,800円近辺であることをみてとって、一挙に低価格の5,800円で市場に参入するという手もある。

一方、これらの①②③の3つの要因のいずれか1点に重点を置くことを決定できずに、それらを総合的に判断して、価格を6,500円と設定するかもしれない。現実的には、この①②③の3つの要因を適切に考慮した価格決定方法、悪く言えば折衷案的な価格決定方法が多く取られるであろう。

4. 価格決定の意味

企業が価格を決定するということは、競争者と消費者にたいして戦略的な2つの意味をもつことになる。市場の参入障壁と市場の細分化である。

（1）参入障壁

参入障壁（barriers to entry）とは、ある企業がある産業へ入ろうとするときの困難度である。この参入障壁が高ければ参入が困難、低ければ参入が容易となる。ある市場、製品分野において、参入障壁が高いと、その市場が非常に儲かりそうであっても、他の企業はなかなか参入しづらく、利益獲得のチャンスを逃してしまう。

参入障壁を生産と販売面に分けるならば、生産においては、技術的優位性、規模の経済性、そして最低必要資本量などが関係し、販売においては、製品差別化、それを補完する広告、ブランド、企業イメージ、あるいは閉鎖的流通チャネルなどが関係する（図表5-8）。

このような参入障壁の種々の方法の中にあって、価格はとくに規模の経

121　第5章　価格戦略

図表5-8 価格と参入障壁

生　産	販　売
技術的優位性 規模の経済性 最低必要資本量	製品（差別化），広告 ブランド，企業イメージ 流通チャネル，価格

済性と関係している。この規模の経済性は、生産の分野に限らず、他の機能分野、たとえば原材料購入、R&D、流通、販売、事務、サービス・システム等においても発揮される。したがって、大規模生産による生産その他の費用の低減をいかに生かすかということが、価格決定の重要なポイントとなる。

市場が技術、製品、広告、企業イメージ等による参入障壁により、堅固に防御されている場合、十分なマージンを上乗せした高価格を設定できる。それは、規模の経済性等による費用の低さを意図的に価格に反映させないことにより、短期間により多くの利益を獲得できることを意味する。

市場が、生産面と販売面による効果的な製品差別化ができない、すなわち参入障壁により堅固に防御されていない場合、規模の経済性等による費用の低さを生かした低価格を設定する。他の参入者が入ってこられない程度に意図的に価格を低く設定することにより、

低価格による参入障壁ができる。低価格がより大きなマーケットシェアをもたらし、長期的な売上高の増大による利益の極大へと導くというものである。

（2）市場の細分化

価格は、製品自体の機能・品質とともに市場を細分化する有効な手段である。製品の価格は、消費者の所得に依存する購買能力あるいは制約に直接関係することによって、当該製品を買える／買えないに影響を与える。したがって、企業が価格を決定するということは、市場に存在する消費者をその所得あるいは社会階層により細分化し、ある特定の部分を標的市場として括る(くく)ことを意味する。

そして価格は、製品自体の機能・品質、そしてそれに付随するブランド・ネーム、パッケージ、あるいはプロモーション等と組み合わせることによって、より一層識別的に市場を細分化することができる。企業は、これから狙おうとするターゲット消費者の人口統計学的特性、社会経済的特性、心理学的特性を明確にし、ターゲットでない消費者と識別する。それにもとづき、ターゲット消費者がもっとも買いやすいと思われる価格と製品機

123　第5章　価格戦略

能・品質、その他プロモーション等を計画する。そしてこの組み合せが適切に行われるならば、実際に購買するであろう消費者を特定し、顕在化させることができる。

5. 価格戦略

　価格戦略は、企業のマーケティング目標、どの市場からどのように利益を得ようとするのかという利益計画にもとづいて決定される。大きく分けると企業の価格戦略は、3つある。すなわち中価格戦略、高価格戦略、低価格戦略である。その場合、それらの戦略の前提として、次の仮定が置かれる。

　仮定：需要は価格弾力的であり、価格が高ければ売上数量が減り、価格が安ければ売上数量は増える。

　すなわち、「図表5-2 購買の対価としての価格と需要量の関係」で示した関係が、通常は大前提として価格戦略は練られることになる。「図表5-3 購買の評価の指標としての価格と需要量の関係」は、特殊な状

124

況として、ある種の製品のときに考慮されるが、通常は思考の外に置かれる。

（1）中価格戦略

中価格戦略には、売上金額極大化戦略と利益極大化戦略が考えられる。需要の価格弾力性を考慮すると、極端に高い価格でもなく、極端に低い価格でもない適度な価格帯の時に、売上金額の極大値、あるいは利益の極大値は得られそうである。したがって、企業が価格を設定するとき、それらを目指すならば中庸な価格帯になるであろう。

売上金額極大化戦略は、売上金額を極大化することを意図して、売上金額を極大化すると思われる水準に価格を設定する戦略である。利益極大化戦略は、売上金額と費用の差を極大化することを意図して、価格水準、需要水準、費用を考慮し、利益が極大になる点に価格を設定する戦略である。

これらの方法の効果は、短期的に投下資本を迅速に回収できることにある。そして、この方法の有効な使用状況は、消費において需要の価格弾力性が中程度で、生産において規模の経済性がそこそこ発揮できるときであり、競争においてある程度製品差別化が機能するときである。

（2）低価格戦略

この低価格戦略は、市場シェア獲得戦略である。この戦略は、当面の利益よりも長期的利益を目指すものであり、大きなマーケット・シェアの獲得を目指しているのが特徴である。したがって、製品が急速に消費者に採用されることを目指して、市場浸透価格という低価格帯で、製品を市場に導入する。他の競争者がまねをすることができないほどの超低価格で市場に参入し、一挙に市場シェアを獲得するという戦略である。高価格戦略における上澄み吸収価格とは正反対の方法である。

この方法の効果は、価格による参入障壁の形成である。この方法は、消費において需要の価格弾力性が高いとき、生産において規模の経済性が発揮できるとき、一方、競争において製品差別化が有効に機能しないとき、すなわち価格競争が生じうる可能性があるときに有効である。

（3）高価格戦略

この高価格戦略は、市場上層部分獲得戦略である。この戦略も、当面の利益よりも長期的利益を目指すものである。そして、上澄み吸収価格という高価格で市場に参入し、市場の上層（所得階層・社会階層の上層）部分の

126

支持を得て、その後上層階層に憧れる一般の人たちの追随を得ることを想定する。低価格戦略の市場浸透価格とは反対に急激な市場浸透は狙わない。

この方法の効果は、多品種少量生産のときに発揮される。この方法は、消費において需要の価格弾力性が低いとき、あるいは逆に作用する場合、生産において規模の経済性が発揮できないとき、一方、競争において新規参入の脅威が小さいときに効果的である。

6. 価格戦術

価格戦術は、流通チャネルにたいする価格戦術と消費者にたいする価格戦術の2つのタイプがある。

（1）流通チャネルにたいする価格戦術

流通業者にとって魅力的な価格とは、高マージン（利幅、もうけ）を保証してくれる価格である。消費者が買い物に来たとき、流通業者は、消費者が強く特定のブランドを指定しないときには、マージンの高い製品から順に低い製品へと消費者に奨めると言われている。したがって、マージン

127　第5章　価格戦略

をいかに大きく設定するかが、流通チャネルにたいする価格戦術の基本になる。このマージンという手段に加えて、それを補完する方法として、次の①から③のものを指摘できる。

① 数量割引
大量に購入する業者にたいして、価格を普通以上に下げて供給したり、あるいは同じ金額で数量をより多く供給する方法。

② 現金割引
製品の購入に際して、即金で支払う業者にたいして行う価格割引であり、売掛金の早期回収と回収費用が節約できる。企業にとっては資金の運用がスムーズに行えるというメリットがある。

③ 機能割引
卸売業者や小売業者の製品販売にたいする貢献度、メーカーにたいする協力度、忠誠度の違いに応じて価格を割り引く。製品販売をバックアップするサービス体制、店頭広告、イベント、消費者教育などを手助けする。

(2) 消費者にたいする価格戦術

小売店でとられる戦術的な方法として、次の①から③のものがある。

① 端数（はすう）価格

消費者の価格数値にたいする心理的錯覚を応用して、商品の価格を実際よりも安く感じさせようとする方法。1,000円ではなく、900円あるいは980円という端数表示により、価格を一桁落として設定する。

② 2重価格

製品にたいして2つの価格表示を行う。

例　¥~~24000~~
　　¥16000　← こちらの価格が消費者の経済的合理性を満足させる

取り消し線で消された

③ 販売促進価格

顧客吸収のために特定の商品を目立つほどに低価格に設定する。消費

アメリカでは、なぜか、999ドルとか、199ドルとかあるいは199.99ドルなどという限界まで端数に設定した価格表示が多い。一方、日本では、少し遠慮して980円とか180円とかの端数価格が多い。なぜなのでしょうね？

2重価格は、上に示した2本線の取り消し線が重要な意味をもつ。2本線で消された24,000円の価格がもしもなければ、消費者は当該製品の品質は最初から16,000円レベルの品質・機能をもったものと判断してしまう。そこに潜在的な24,000円の価値を見出すことはない。

スーパーの「今日の目玉商品」、100円ショップのお買い得感のある商品などが販売促進価格に該当する。

者は、その低価格商品につられて、他の普通の価格帯の商品をも購入することを想定している。

7. 価格と製品品質の組合せ戦略

価格は、価格だけにもとづいて戦略が練られるのではなく、それは他のマーケティング・ミックスと組み合わされて実行される。ここでは、「価格と製品品質についての9つのマーケティング・ミックス戦略※」を見てみよう（図表5─9）。

図表5─9の1から9まで9つの戦略の例※を挙げると次のようになる。

① プレミアム戦略　正当な手続きを経て、百貨店やデパートで販売されるブランド品。

② 高価値戦略　百貨店やデパートで行われるバーゲンセール。値引きされる前の元の価格が高いため、あまり安くはならない。安すぎる価格だと、その百貨店やデパートのイメージが下がる恐れがある。

③ 超お値打ち戦略　グッチやプラダ、ルイ・ヴィトンなどのバッグやサ

※Philip Kotler, Gary Armstrong, *Principles of Marketing*, Fourth edition, Prentice-Hall, 1989, p.328.

※※「9つの戦略」と書いたが、これはコトラーの原著にstrategyと表記されているものを忠実に反映して記述した。しかし、本来の戦略と戦術の用語の使い分けから述べるならば、これら「9つの戦略」は、戦略と呼べない戦術的な価格設定方法である。したがって、それは「9つの戦術」と記述した方がより適切であろう。

130

**図表5-9 価格と製品品質についての9つの
マーケティング・ミックス戦略**

価　格

		高価格	中価格	低価格
品質	高品質	①プレミアム戦略	②高価値戦略	③超お値打ち戦略
	中品質	④高価格戦略	⑤平均価格戦略	⑥お値打ち戦略
	低品質	⑦詐取戦略（ヒットエンドラン戦略ともいう）	⑧見せかけ戦略	⑨節約戦略

イフといったブランド品を普段では考えられない破格値の価格で販売する。ブランド品を取り扱うディスカウントショップでよくみられる。

④高価格戦略　同じような色・形・デザインの洋服であってもメーカー名やブランドが違うと価格が変わってくる。メーカー名やブランドだけで売れる洋服はそれなりに高い価格がつく。メーカー名やブランドを聞いても知らないような洋服はブランド品とそんなに大差がなくても価格が低く設定される。

⑤平均価格戦略　通常の品質の洋服を高くも安くもないそれなりの価格で販売する。また、コンビニエンス・ストアのように定価どおりの価格で販売する。価格と品質のバランスがとれている状

態。

⑥お値打ち戦略　スーパーなどにみられるその日限りの特売や夕方からのタイムセールなど普段よりも低い価格で販売する。

⑦詐取戦略　悪徳商法でよくある数十万の壺や英会話教材などを売りつけ、販売者は逃げてしまうケース。

⑧見せかけ戦略　観光地のお土産屋などで購入するキーホルダーやペナント、Tシャツ、トレーナーなど。一見よさそうに見えるが、実際買って帰って、よく見ると品質があまり良くない。一度きりの顧客を相手としているときに有効。

⑨節約戦略　通常に比較すると、価格に対して製品の機能、品質が相対的に優れている商品。最近のプライベートブランドで提供される商品が該当する。それらプライベートブランド名の商品は、メーカーの商品と同等の品質・機能をもちながら、メーカー品よりも比較的に低価格で売られている。

第6章

流通チャネル戦略

1. 流通チャネルとは
2. 流通チャネルの機能
    (1) 交換（需給結合）機能　(2) 物的流通機能
    (3) 補助機能
3. 流通チャネルの経済的効果
    (1) 個々の生産者にとっての経済効果
    (2) 社会システム全体にとっての経済効果
    (3) 個々の消費者にとっての経済効果
4. 流通チャネルに関する意思決定
    (1) 流通チャネルのタイプ　(2) チャネルの段階数
    (3) チャネルの開放性－閉鎖性
5. プッシュ戦略とプル戦略
    (1) プッシュ (push) 戦略　(2) プル (pull) 戦略
6. 小売業態に関する理論
    (1) 業種と業態　　　　　(2) 真空地帯論

マーケティング範囲の図

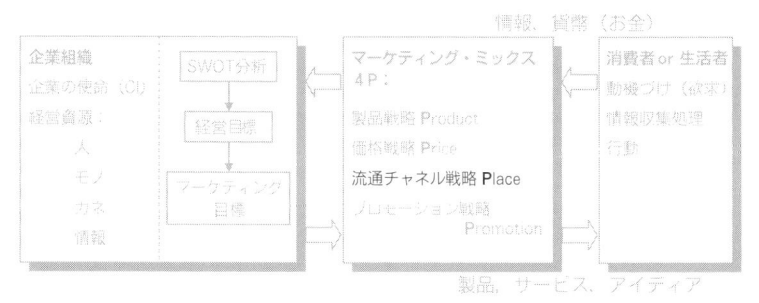

企業組織		マーケティング・ミックス 4P：	消費者or 生活者
企業の使命 (CI)	SWOT分析		動機づけ（欲求）
経営資源：		製品戦略 Product	情報収集処理
人	経営目標	価格戦略 Price	行動
モノ		**流通チャネル戦略 Place**	
カネ	マーケティング目標	プロモーション戦略 Promotion	
情報			

情報，貨幣（お金）

製品，サービス，アイディア

1. 流通チャネルとは

流通チャネルは、生産者と消費者を具体的に結び付けるという重要な機能をもっている。すなわち、製品を企業から消費者に手渡すまでのその過程である。その過程は、費用的に見た場合にも大きなウェイトを占めている。製品が生産者から消費者にいたるまでの流通費は、価格に占める割合として、通常20％からそれ以上かかるといわれている。また、マーケティング・ミックスの戦略において、他の3Pと異なった難しさがある。それは、対象である流通チャネルが、通常は企業の外部の存在であるということにある。

マーケティングにおける**流通チャネル**（distribution channel）とは、製品とその所有権が生産者（企業組織）から消費者へ移転するその通路あるいは経路を意味する。語源的には、チャネル（channel）とは、河床とか水路という意味をもっている。そしてそれは通常、その経路を構成する要素あるいは要素全体をも意味し、それらを指し示す語でもある。具体的には、流通チャネルには次のものが含まれる（図表6－1）。生産者、メーカ

134

図表6－1　流通チャネルの構成要素

```
生産者
メーカーの代理店
卸売業者        狭義の流通チャネル
小売業者                              広義の流通チャネル
消費者

輸送会社，保険会社，銀行，
広告代理店，市場調査会社など
```

ーの代理店、卸売業者、小売業者、消費者である。そして、これらメインの流通チャネルを助ける存在として、輸送会社、保険会社、銀行、広告代理店、市場調査会社などがある。

上述のものを全部をひっくるめて流通チャネルという場合もあるし（広義の流通チャネル）、それらを除いた流通に直接関わる生産者から消費者までを、そしてその中で特に生産者と消費者を除いたメーカーの代理店、卸売業者、小売業者を流通チャネルと呼称する場合もある（狭義の流通チャネル）。

この流通チャネルを使用して、企業は次のことを達成しようとする。すなわち、「消費者により早く、より低コストで、より便利に製品を供給すること」である。より便利にという意味は、消費者が欲するときに、欲するものを、いつでも、どこでも、誰でも、欲しいだけの量を、

容易にかつ迅速に手に入れられるということである。

2. 流通チャネルの機能

流通チャネルの機能は、生産者と消費者の間の具体的なギャップ（懸隔）を架橋することである。そのギャップを埋める機能として、交換（需給結合）機能、物流機能、補助機能の3つの機能がある。※

(1) 交換（需給結合）機能

生産者と消費者の間で行われる所有権（使用権）の移転を行う機能である。通常、取引と言われることである。この機能を特に次の物流に対応する言葉として、商流という。

(2) 物的流通機能

生産者と消費者の間で行われる製品の物理的移動のことで、時間的ギャップ（生産する時と消費する時の違い）と、空間的ギャップ（生産する場所と消費する場所の違い）を架橋することによって達成される。この機能を商流

※久保村隆祐編著『商学通論』同文舘、1987年、6〜7ページ。中田信哉『商業学教科書』白桃書房、1986年、38〜40ページ。

136

に対応した言葉として、物流という。

(3) 補助機能

商流や物流を促進的に補助するもので、下記に示す金融、危険負担、市場情報などの機能が挙げられる。

① 金融：製品が生産されてから消費者に購買されるまでの間、その代金を肩代わり（融通）するということ、あるいは取引が円滑に行えるように、金銭的な便宜をはかるということが含まれる。具体的な例として、手形の割引やクレジットの支払いなどが挙げられる。

② 危険負担：利益獲得の代償として、相場の下落、事故・火災の発生など、流通に伴う種々の危険によって製品の価値が損失を被る可能性を背負っていることを意味する。具体的な例として保険をかけることによって、そのリスクを避けることなどが行われる。

③ 市場情報：顧客や競争者に関する情報を生産者に伝えること。具体的な例としては市場調査などが挙げられる。

3. 流通チャネルの経済的効果

（1）個々の生産者にとっての経済効果

流通チャネルの存在の経済的効果を、以下、生産者の数と消費者の数を現実よりも小さな数値で説明する。生産者1者にたいし消費者が3人存在する場合（図表6—2）、3回の取引が必要である。ここに中間業者（生産者と消費者の間に介在する卸売業者、小売業者などを一括して呼称）が1者介在すると（図表6—3）、生産者の取引は中間業者にたいする1回だけとなり、生産者自身の交渉費用は1／3に減少する。

（2）社会システム全体にとっての経済効果

生産者が3者で消費者が3人存在する場合（図表6—4）、生産者3×消費者3＝9回の取引が全体で必要である。一方、そこに中間業者が1者介在すると、図表6—5のように全体の取引数は、生産者3×中間業者1＋中間業者1×消費者3＝6回となる。その差は、全体として中間業者がいないときに比べ、約（9—6＝）3回分、経済的節約ができる。

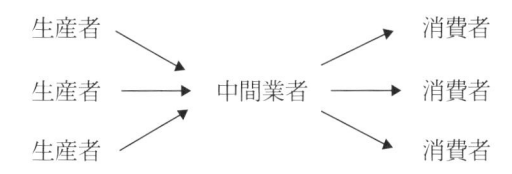

図表 6 − 2　生産者にとって中間業者が存在しない場合

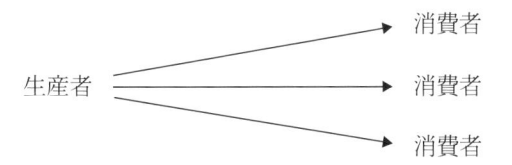

図表 6 − 3　生産者にとって中間業者が 1 者存在する場合

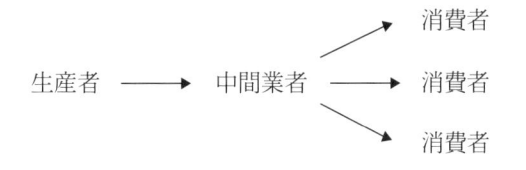

図表 6 − 4　社会システム全体にとって中間業者が存在しない場合

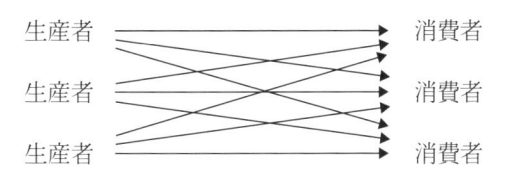

図表 6 − 5　社会システム全体にとって中間業者が 1 者存在する場合

図表 6 － 6　消費者にとって中間業者が存在しない場合

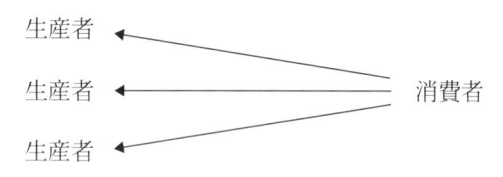

```
生産者 ←┐
生産者 ←─── 消費者
生産者 ←┘
```

図表 6 － 7　消費者にとって中間業者が 1 者存在する場合

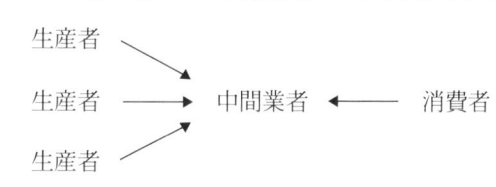

```
生産者 ┐
生産者 → 中間業者 ← 消費者
生産者 ┘
```

（3）個々の消費者にとっての経済効果

消費者にとって中間業者の存在には、メリットとデメリットが 1 つずつある。メリットは 3 つの生産者の製品を比較検討してその中から 1 つの製品を選びたいとき、消費は 3 つの生産者にそれぞれ行かないといけない（図表 6 － 6）。3 回の手間ひまがかかる。一方、中間業者が存在すると、消費者はその中間業者の所に一度行くだけでよい（図表 6 － 7）。消費者の手間ひまは 1 回となる。それにたいし、デメリットは、消費者は 1 つの製品について生産者だけでなく中間業者にもマージンを支払わな

※この最寄品、買回品、専門品の分類は、M. T. Copeland が最初に提唱したものである。それは、商品にたいする消費者の購買活動の違いをもとにした分類である。Melvin T. Copeland, "Relation of Consumers' Buying Habits

ければならないことである。

4. 流通チャネルに関する意思決定

生産者が自身の製品を市場に導入する場合には、流通チャネルのタイプ、チャネルの段階数、チャネルの開放性―閉鎖性という3つのことを主に考えなければならない。

(1) 流通チャネルのタイプ

ここでいう流通チャネルのタイプの選択は、小売店のタイプの選択を意味しており、ここでは業態の選択という視点で考察する。どの業態を製品の最終的販路として使用するかは、製品特性、すなわち、価格、機能の複雑性、製品寿命、購買頻度、必要とするサービス水準、製品ライフサイクル上の位置などに大きく依存している。それらを単純化して、製品を最寄品、買回品、専門品として分類し※(商品分類という)、この分類と業態との関係を述べるならば以下のようにまとめられる(「図表6―8 商品分類と小売店のタイプ」参照)。

to Marketing Methods", *Harvard Business Review*, vol.1 Apr. 1923, pp. 282-289.

M.T.コープランド (Melvin Thomas Coseland 1884年〜1975年)
写真出所：http://www.lib.uwo.ca/programs/marketing/pioneers.html
出所：http://institutional memory.hbs.edu/timeline/1953/professor_melvin_t_copeland_retires_after_45_years_on_faculty.html

※※業態という言葉に関しては、後の節の「6. 小売業態に関する理論」の所で説明している。

図表6-8 商品分類と小売店のタイプ

	最寄品	買回品	専門品
価　　　格	比較的低価格	比較的中価格	比較的高価格
購買頻度	多い（高い）	あまり多くない	数少ない
製品寿命	短い	中程度	長い
機能の複雑性	単純	やや複雑	複雑
製品知識（情報収集）	過去の蓄え・経験で十分	知識の補充を行う	最新の情報を探索
必要なサービス水準	ほとんど必要なし	やや必要	多分に必要
店舗に行く交通手段	徒歩，自転車	自転車，バス	電車，自動車，飛行機
効果的・効率的に販売できる小売店のタイプ	コンビニエンス・ストア，スーパー，普通の小売店など	大型スーパー，ディスカウント・ストア，百貨店など	大規模百貨店，専門小売店，直営・系列店など

最寄品は、価格が安い、機能は比較的単純で、消費者も製品知識が豊富である、製品寿命が比較的短い、購買頻度が高い、商品説明あるいはアフターサービス等のサービスはほとんど必要ではない。したがって、消費者が手軽に行ける近くの小売店、コンビニエンス・ストア、あるいは近場のスーパーなどで販売するのが効果的である。

買回品は、最寄品よりも比較的価格が高い、しかし高過ぎることはない、機能は比較的単純で、消費者も製品知識が豊富である、製品寿命は若干長い、購買頻度はあまり多くはない、やはり商品説明

142

あるいはアフターサービス等のサービスはあまり必要ではない。したがって、消費者がそれほど気構えることなく行ける近くの専門小売店、スーパー、ディスカウント・ストア、最寄り駅の百貨店などで販売するのが効果的である。

専門品は、比較的価格が高い、機能は比較的複雑で、品質の判断に豊富な知識が必要である。製品寿命は長い、購買頻度は少ない、懇切丁寧な商品説明、配送、修理、パッケージ等のサービスを必要とする。したがって、消費者は注意深い製品探索あるいは情報収集を行う。そのことを考慮すると、専門品は多くの製品を同時に比較でき、かつ店員のきめ細かな情報サービスを提供できる専門店、大規模百貨店などで売られるのが効果的である。

（2）チャネルの段階数

チャネルの段階数は、消費者に製品を供給する過程において、中間業者をいくつどの程度使用するのか、すなわち、その段階は何段階になるのかという問題である。一般的にはチャネルの段階数が多くなるほど、

143　第6章　流通チャネル戦略

── 生産者の製品の流通範囲は広くなる。
── 生産者の製品にたいするコントロール力は弱くなる。
── 市場からの消費者情報は間接的になり、時間的遅れ、曲解、誤解を伴う可能性が大きくなる。

① 生産者と消費者の間に中間業者が入らない場合‥1段階

生産者の消費者にたいする直接販売である。生産者と消費者の直接交渉となるので、生産者において、多くの人手と時間、費用、設備が必要である。しかし、企業のマーケティング戦略を消費者にダイレクトに行使できる、生産者の製品のみをプッシュできるという強みがある。また、消費者情報がじかにフィードバックしてくるという利点もある。

例‥訪問販売、生産者直営の小売店、通信販売、自動販売機、あるいはインターネットによる販売など。

| 生産者 | ⇒ | 消費者 |

② 生産者と消費者の間に小売業者が1つ入る場合‥2段階

一般に、大きな小売店・専門店、販売子会社、百貨店などが採用する流通チャネル方式である。流通マージンが、比較的少なくて済む。製品情報の伝達と消費者の反応情報の交換が、ある程度、的確にできる。以下のような場合に有効である。市場までの距離が近い、1回当たりの注文量が多い、製品価格が高い、そして、生産者あるいは小売店の規模がある程度大きい場合である。

例：自動車、家具、楽器、ファッション衣料などの販売。

生産者 ⇒ 小売業者 ⇒ 消費者

③生産者と消費者の間に小売店と卸売業者が1つずつ入る場合：3段階中小の小売店、コンビニエンス・ストア、小さなスーパーなどの流通チャネル方式である。流通マージンは多少かかるが、市場カバレッジの範囲が広い。生産者に直接かかる費用は低く抑えることができる。以下のような場合に有効である。消費者が広範囲に分散している、製品価格があまり高価でなく薄利多売で効果をあげたいとき、生産者あるいは小売店の規模が小さく1回当たりの注文量が少ない、などの場合である。

例：清涼飲料、書籍、レコード・CDなどの販売。

生産者 ⇨ 卸売業者 ⇨ 小売業者 ⇨ 消費者

④生産者と消費者の間に小売店、一次・二次卸売業者、その他が入ってくる場合：多段階

零細あるいは僻地の小売店等に製品を供給するときに多くは該当する。チャネルの段階数は3または4以上である。流通マージンは多少かかるが、市場カバレッジは非常に広い。チャネルが長くなるにしたがい、生産者自身の製品にたいするコントロール力は弱くなる。

例：パソコンソフト、テレビゲームソフト、スナック菓子、などの販売。

生産者 ⇨ 一次卸売業者 ⇨ 二次卸売業者 ⇨ 小売業者 ⇨ 消費者

(3) チャネルの開放性―閉鎖性

チャネルの開放性―閉鎖性の問題は、中間業者に対する生産者の拘束度合いの問題といえる。ここでは、開放的なチャネル戦略、開放―閉鎖の中

間的な戦略、そして閉鎖なチャネル戦略を説明する。

① 開放的なチャネル戦略

生産者の製品を取り扱いたいと欲するすべての中間業者に製品を取り扱わせる方法をいい、製品の露出と便宜性を極大にしようとする方法。ごく一般の小売店、スーパーマーケット、コンビニエンス・ストアなど、あらゆる小売業態あるいは販売チャネルを利用する。消費者の近くに小売店が常に存在することが望ましく、消費者が欲しいと思ったときにすぐに簡単に手に入れられることを第一優先とする。製品単価が安い、購入頻度が高い、という最寄品的な製品で、消費者が手軽さ、便利さを求める製品の場合に有効である。

例：日用雑貨など。

② 開放的なチャネルと閉鎖的なチャネルの中間的な方法（どちらかといえば閉鎖的に近い）

何らかの代償を与えることによる当該生産者の製品の優先的取り扱いを意図する特約店、代理店制度あるいは系列店化という方法、そして生産者の製品だけを取り扱わせる専門卸売店化、専門小売店化といった方法であ

る。それほど高価ではなく、適度の購買頻度をもち、消費者の好みがある程度製品選択に反映される買回品的な製品の場合に有効である。

例：日常衣料品、家庭電器、酒類、自転車、シューズなど。

③閉鎖的なチャネル戦略

生産者の製品を特定の業者のみに独占的に扱ってもらう方法。高価で、消費者の好みが非常に強く製品選択に反映される専門品的な製品の場合に有効で、品質イメージや名声を維持する場合には、特に重要な方法である。修理・相談、メンテナンス、アフターサービスなどきめ細かなサービスが必要とされる製品の場合に使われる。

例：自動車、家具、楽器、スポーツ用品、時計、ファッション衣料など。

5. プッシュ戦略とプル戦略

（1）プッシュ（push）戦略

生産者側から消費者に製品を売り込んでいく方法である。英語 push は、日本語で「押す」という意味。生産者は、卸売業者や小売業者にたいして数量割引、現金割引を含むリベートを提示する。POP広告（店内ディス

148

プレイ、看板などの店頭、店内、そして周辺に関する一切の広告物）、ちらし、イベント、景品、試飲・試食などの諸々の販売促進にたいする金銭的、知識的援助などをする。

生産者プッシュ ⇒ 卸売業者プッシュ ⇒ 小売業者プッシュ ⇒ 消費者

（2）プル（pull）戦略

消費者側より製品を指名買いさせる方法である。英語 pull は、日本語で「引く」という意味。生産者は、消費者が小売店に行って「○○ブランドを下さい」と言えるような状態にするため、消費者に自社のブランド名を知覚してもらうだけでなく、認知され、そして好意的な態度を前もって形成してもらう必要がある。生産者は直接、最終消費者に向けてのプロモーション、特にマス媒体を使用した広告活動に多くの費用と努力を費やすことになる。

生産者 ⇐ プル 卸売業者 ⇐ プル 小売業者 ⇐ プル 消費者

149　第6章　流通チャネル戦略

6. 小売業態に関する理論

新しいタイプの小売業態の出現を説明する1つの理論を見てみる。その前に、基本的知識として小売業の業種と業態について触れておく。

（1） 業種と業態

業種（type of business）という言葉は、販売している商品の違いによって、小売業を分類するときに使われる。業態（type of operation or management）という言葉は、販売している商品ではなく、売り方の違いによって小売業を分類するときに使われる。業種分類は、原則として扱っている商品の類似性（特に用途）にもとづいている。

例1：日本標準産業分類 ⇒ 消費構造の衣・食・住、その他に対応「各種商品小売業、織物・衣料・身の回り小売業、飲食料品小売業、自動車・自転車小売業、家具・建具・什器小売業、その他の小売業」

例2：日常的な使い方 ⇒ 「八百屋さん、魚屋さん、お菓子屋さん、パン屋さん、花屋さん、洋服屋さんなど」

150

業態分類は、小売店の売り方、換言すると経営戦略の違いにもとづいている。それら売り方の違いが、店舗形態あるいは販売方法の違いに反映したものと考えられる。具体的には、店舗の立地、品揃え、店舗規模、価格戦略、販売方法（対面、セルフ、信用その他）、付帯サービス（配達、返品、駐車場、その他）、店舗施設（建築、内装、付帯施設、その他）等の変数の組合せにより、さまざまな種類の業態が存在している。

例：業態分類⇒「一般小売店、専門店、百貨店、スーパー、コンビニエンス・ストア、ディスカウント・ストア、バラエティ・ストア、無店舗販売（通信販売、インターネット販売、訪問販売、自動販売機）など」

(2) 真空地帯論

ここでは、小売業の形態（業態）の変遷を説明する理論として、ニールセン（O. Nielsen）の「真空地帯論（vacuum theory）」を取り上げる。※ この理論は、価格とサービス水準における真空地帯の存在、そしてそこへの小売施設の参入ということを説明するものである。

説明のための準備、前提条件は下記の4つである。

※Orla Nielsen, "Developments in Retailing," in M. Kjar-Hansen ed., Reading in Danish Theory of Marketing, 1966, p. 105.

図表6-9 真空地帯論の図

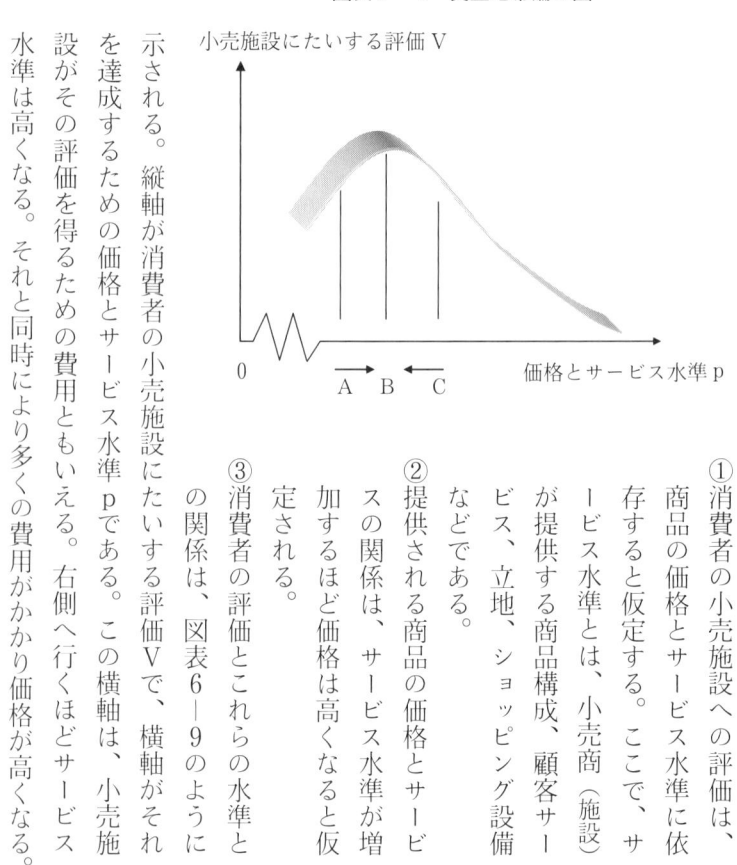

小売施設にたいする評価V

0　　A B C　　価格とサービス水準p

① 消費者の小売施設への評価は、商品の価格とサービス水準に依存すると仮定する。ここで、サービス水準とは、小売商（施設）が提供する商品構成、顧客サービス、立地、ショッピング設備などである。

② 提供される商品の価格とサービスの関係は、サービス水準が増加するほど価格は高くなると仮定される。

③ 消費者の評価とこれらの水準との関係は、図表6-9のように示される。縦軸が消費者の小売施設にたいする評価Vで、横軸がそれを達成するための価格とサービス水準pである。この横軸は、小売施設がその評価を得るための費用ともいえる。右側へ行くほどサービス水準は高くなる。それと同時により多くの費用がかかり価格が高くなる。

真空地帯論の他にも、「小売の輪の理論」というよく知られた理論がある。マクネア（Malcolm Perrine McNair）という人が、この小売の輪の理論（wheel of retailing theory）を提出した。それは、アメリカにおける19世紀後半から20世紀半ばにおける百貨店、チェーン・ストア、スーパーマーケット、ディスカウント・ストアの相次ぐ登場を説明するものであった。サービスを節減し、低価格、低マージンで出発した新しい小売形態が、その成熟とともにサービスを増加し、格上げ（高級化）する。その結果、次の新たな革新形態に侵入の余地を与えるという説明理論である。

マルカム・P・マクネア、エリナ・G・メイ著、清水猛訳『"小売の輪"は回る—米国の小売形態の発展—』有斐閣、1982年。

④提供する商品の価格とサービスが低水準から高水準へ行くにしたがい、ある水準までは消費者の小売施設にたいする評価は高まる。しかし、価格とサービスがある水準をこえると、そのための費用とそれによって達成できるサービス水準との兼ね合いを考えると、全体的評価は低下する。図表6-9のような消費者の全体評価の分布曲線が描かれると仮定される。

真空地帯論による小売業態の説明は、下記のようになる。

① 現実の小売施設がいくつかあって、それぞれの小売施設が価格とサービスが低水準から高水準まで、幅広く図表6-9の横軸に沿って分布している。そこにおいて、消費者の小売施設の評価が、図表6-9のような曲線を示しているならば、Bの価格とサービス水準が最も評価が高いことになる。

② したがって、価格とサービス水準においてそれ以外の位置にある小売施設は、自身の水準をこのBの水準に近づけてくる。Aの位置にある小売施設は価格とサービス水準を高め、Cの位置にある小売施設は価格とサービス水準を低めることを行う。多くの小売施設がB点付近の

M. P. マクネア (Malcolm Perrine McNair 1894年~1985年)
写真出所：http://institutionalmemory.hbs.edu/photogallery/person/mcnair,_malcolm_perrine.html

価格とサービス水準を目指し、そこに集中してくる。その結果、価格とサービス水準B点付近の競争は激しくなる。

③ 一方、他のA点とC点付近の価格とサービス水準における小売施設の数は減少し、空洞化さらには「真空化」してくる。その状況を見て、他の参入者が競争の激しくないA点とC点付近に現れたり、B点付近の激しい競争を嫌って元に戻っていく小売施設が出てくる。A点には低価格を売り物にする小売施設が参入し、C点にはサービスを徹底させた価格の高い専門的な小売施設が参入することになる。

最後に、この理論の注意すべき点として、次のことを指摘できる。この消費者の全体評価の曲線は、購買対象製品の違いにおいて、そして個人と社会の経済状況の違いに応じて異なっている。たとえば、単純に日用品的な製品の購入においては、小売施設の低価格・低サービス水準にたいして高い評価を与えるであろう。一方、専門品的な製品の購買においては、高価格・高サービス水準にたいして高い評価を与えるであろう。また、個人の所得水準の上昇、社会全体の景気水準が高い場合、曲線のピークはより右へ、所得の低下や不況の場合は、曲線のピークはより左へという具合になる。

第7章

プロモーション戦略（コミュニケーション戦略）

1. プロモーションとプロモーション・ミックス
   (1) プロモーション全体への資金投入（費用対効果）
   (2) プロモーション・ミックスへの資金配分
2. 広告活動
   (1) 広告媒体の種類　　　(2) 広告のプロセス
   (3) 広告媒体の特性　　　(4) 広告効果モデル
3. 販売促進活動
4. 人的販売活動
   (1) 人的販売活動の特性　(2) 人的販売活動のステップ
   (3) 人的販売活動の人材　(4) 人的販売活動の組織
5. パブリシティ活動
   (1) パブリシティ活動
   (2) パブリシティ活動とパブリック・リレーションズ
6. 市場調査
   (1) 調査目的と分析水準　(2) 調査データの源泉
7. 川下からの情報収集

マーケティング範囲の図

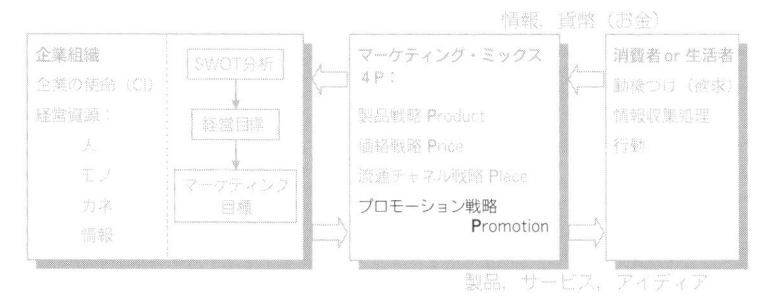

情報、貨幣（お金）

企業組織		マーケティング・ミックス 4P：	消費者or生活者
企業の使命（CI）	SWOT分析		動機づけ（欲求）
経営資源：	経営目標	製品戦略 Product	情報収集処理
ヒト		価格戦略 Price	行動
モノ	マーケティング目標	流通チャネル戦略 Place	
カネ		**プロモーション戦略**	
情報		**Promotion**	

製品、サービス、アイディア

本章は、プロモーション戦略、そしてカッコ付きでコミュニケーション戦略と記してある。プロモーションの役割は、企業から消費者へという情報の流れ（情報発信）と消費者から企業へという情報の流れ（情報受信）の2つの方向をもっているからである。それはまさに、企業と消費者間のコミュニケーションを意味するのである。いわゆるプロモーション活動が情報発信の機能を果たし、市場調査等の消費者情報を吸い上げる諸活動が情報受信の機能を果たす。両者が同時に満たされることによりはじめて企業と消費者の間にコミュニケーションが成立することになる。そこから相互の信頼関係が生まれ、より良好な関係が形成され、そして消費者による企業の製品、サービス、アイディアの受容がよりスムーズに行われることになる。

1. プロモーションとプロモーション・ミックス

プロモーション（Promotion）という単語は、英語のproとmotionから構成されている。英語のproは、「前へ、先へ、前に進む」という意味がある。英語のmotionは、「動き、運動、動作、運行」という意味をも

っている。両者を合わせると、「前へ動く、進む、進行する」というような意味になる。

企業から消費者の方へ向かうこと、そして働きかけることが、まさにプロモーションの役割なのである。そこにおいて、消費者に働きかけて、企業の製品を購入してもらうということが、プロモーションの最終的な目標になる。そのために企業が使用するさまざまな手法を、プロモーションと一括して呼んでいる。通常、それは以下の4つに分類される。

- 広告活動（advertising）
- 販売促進活動※（sales promotion）
- 人的販売活動（personal selling）
- パブリシティ活動（publicity）

これら4つの活動を組み合わせたものをプロモーション・ミックスという。プロモーションに関する意思決定は、プロモーションを行うかどうかということではなく、それをどの程度行うのか、そしてどの手段をいかに組み合わせるか（プロモーション・ミックス）ということにある。

※プロモーションと販売促進（セールス・プロモーション sales promotion）の言葉の使い分け

マーケティング・ミックスの4Pのうちの1つとして、通常、プロモーションと記述しているが、本来ならば他の製品戦略、価格戦略、流通チャネル戦略のように、日本語で記述したいところである。

しかし、ここで言及しているプロモーション・ミックスの中の「sales promotion」（セールス・プロモーション）にたいして、「販売促進活動」という訳語を与えている。本来ならば、この「販売促進活動」という訳語を4Pの大項目のプロモーションに与えたいのだが、それでは混乱してしまう。両者を混同しないように、大きな枠としての企業の全体的な販売促進活動を仕方がなく「プロモーション」というカタカナ表記で表現しているのである。

（1）プロモーション全体への資金投入（費用対効果）

一般に、プロモーションの努力あるいは支出と売上金額の関係は、図表7－1に示されるような曲線を描くといわれる。

それは、最初はプロモーション支出にたいして市場はその潜在需要に支えられて売り上げの伸長という形で大きく反応するが、その市場にも極限的には上限があるので、その上限に近づくにしたがい売り上げの伸びが減少してくるからである。

図表7－1 ①プロモーション支出と売上金額の「上に凸」の関係

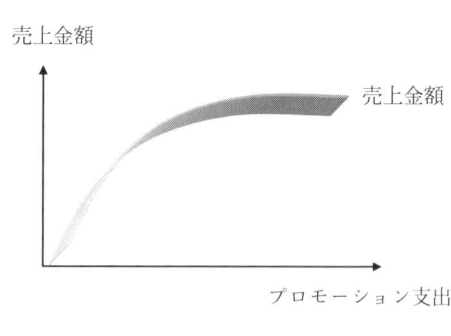

（縦軸：売上金額、横軸：プロモーション支出、曲線：売上金額）

すべての製品、すべてのプロモーションがこのような曲線を描くとは断言できないが、当節ではプロモーションと売上金額の関係がこのように仮定されるとして論を進める。

① プロモーション支出と売上金額（数量）の間に図表7－1のような上に凸で右上がりの（指数）曲線的な関係がある場合には、プロモーシ

図表7－3 ③プロモーション支出と売上金額の「負」の関係

図表7－2 ②プロモーション支出と売上金額の「下に凸」の関係

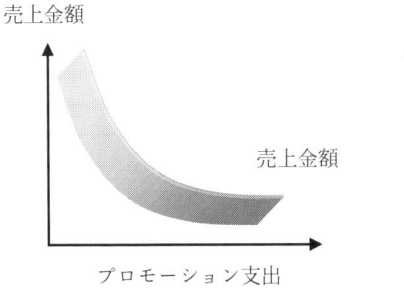

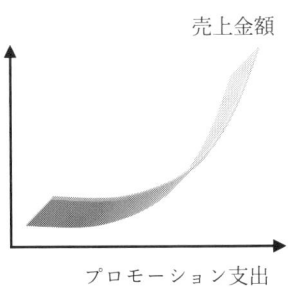

ョン支出をやたらと増やせば良いことにはならない。プロモーション支出を増やし、プロモーションを積極的に行うと、製品の売上金額は上昇する。しかし、売上金額は上昇するのであるが、図表7－1に示されるようにその上昇率は減少してくる。一方、プロモーション支出は、売上金額の上昇を維持するためにはさらに大きな額が必要となってくる。この場合、プロモーション支出と売上金額（数量）の間において、必ずバランスのとれた適正水準が存在する。

②もしも、図表7－2に示されるように、下に凸で右上がりの（指数）曲線的関係あるいは直線的関係がある場合、すなわち、支出以上に売上金額が増加す

159　第7章　プロモーション戦略（コミュニケーション戦略）

る場合には、プロモーション支出を無限に増やせば、利益も無限に大きくなる。

③また逆に、図表7－3に示されるように、支出に比較して売上金額が増加しない場合には、あるいは傾きが負の右下がりの関係がそこに存在するならば、上に凸、下に凸の（指数的）曲線関係、あるいは直線的関係にかかわらず、プロモーション支出を増やせば増やすほど、利益は減少することになる。

理論的には上述のようにまとめることができる。ただし、現実の問題は、この需要曲線の形を予測することが重要な課題となっている。このことが正確にわかれば企業のプロモーション意思決定は、上述のように論理的・数学的に決定できる。

（2） プロモーション・ミックスへの資金配分

ここまでは、プロモーション全体の支出に関して、その最適な規模を直観的・視覚的に分析してきた。ここでは、そこで求められたプロモーション支出の全体規模の範囲内において、プロモーション・ミックスをいかに

利益にたいして最適に組み合わせるかということを考察する。

前述したように、プロモーションは広告活動、販売促進活動、パブリシティ活動、人的販売活動、パブリシティ活動の4つのタイプがある。最適なプロモーション・ミックスの支出は、それぞれの手段のプロモーション効果と費用に依存して決まる。それぞれの手段のプロモーション効果と費用の関係は、プロモーション全体の効果と費用の関係と同じである。ただし、それぞれのプロモーション支出を行うとすぐに効果が出てくる。曲線の傾きと形が異なってくる。あるものはプロモーション支出において、曲線の傾きと形が異なってくる。他のものはすぐには出てこない、しかし、支出額を増やし続けると、ある点から急に効果が上昇するという場合もある。

いずれのプロモーションにどれだけの支出をしたらよいのか？　結論は、広告活動、販売促進活動、人的販売活動、パブリシティ活動にたいする支出は、それぞれの活動に支出することによって得られる売上金額の増大の幅が、いずれの活動においても同じになる支出点に決めるべきである。すなわちそれは、単位当たりの支出金額に対するそれぞれの効果が同じであるる点ということになる。プロモーション諸活動の限界効果が等しい点であるる。換言すると、それぞれの活動の売上金額にたいする曲線は、この支出

このことは、次のような意味をもつ。この支出点以外では、この予算制約下においては、売上金額あるいは利潤は極大にならない。というのは、あるプロモーション活動が、ある支出点において他の活動よりも傾きが大きい（急角度の）場合には、その当該プロモーション活動により多く支出したほうが、より大きな売上金額が獲得できるからである。ある予算制約下において、その上限金額に到達するまで、より大きな傾きをもつプロモーション活動に支出することが順次行われ、最終的にどれも同じ傾きになる支出点に到達する。その支出点において、それぞれのプロモーション活動にたいして、効率的に支出金額が配分されたことになる。それ以外の支出配分では、この与えられた予算制約のもとでは、それ以上の売上金額は得られないことになる。※

2. 広告活動

広告活動※※（advertising）は、非人格的な媒体を通じて製品に関わる情報

※このことの数学的な説明は下記の本を参照。小川純生著『エッセンスがわかるマーケティング』中央経済社、1994年、148〜151ページ参照。

※※広告活動にたいして過度の期待をしてはいけない。「広告活動は、無から有を生じえない」ということを指摘しておきたい。広告により消費者の欲求を創造することはできない。広告は消費者の心の中に潜在的に存在するものを引き出すことができるだけである。欲求あるいは需要を創造するのではなく、それを喚起し、誘導することによって顕在化することだけが、唯一広告にできることであり、広告の機能である。

図表 7－4　広告媒体の種類

	拡散的	集中的（個別的）
印刷媒体	新聞，雑誌，折り込みチラシ，車内中吊り広告，ポスター	ダイレクトメール，直接配布チラシ，カタログ
電波・通信媒体	テレビ，ラジオ，ケーブルTV，インターネット（バナー広告）	インターネット（メール配信広告）
その他の媒体	屋外広告，野立看板，宣伝カー，飛行船，チンドン屋，サンドイッチマン，着ぐるみ	付随広告（カレンダー，プログラム，時刻表，切符回数券など），ノベルティグッズ（ボールペン，使い捨てライター，ティッシュペーパーなど）

を消費者に伝達し，購買を導くプロセスである。その場合，その製品を売ろうとする当該企業によって費用負担がなされる。

(1) 広告媒体の種類

広告媒体は，媒体の物理的特性から見ると，印刷媒体，電波・通信媒体，その他の媒体と分けられる。そしてそれらは，その主たるコミュニケーション対象の範囲から見ると，拡散的と集中的（個別的）の2つに分けられる。したがって，媒体の物理的特性とコミュニケーション範囲の2つの軸で現実の広告を分類すると，図表7-4のようになる。拡散的というのは，広告の受け手を特

バナー広告（banner）とは，ホームページ上に載せられた広告で，企業名とか動く絵とかによって他の部分と区別されている。その部分をクリックするとさらに詳しい情報が得られるようになっている。企業はその広告を掲載するために出稿料を支払う。英語の語源的に，bannerは「旗，のぼり，表象，標識，大見出しなど」の意味をもっている。

検索連動型広告（AdWordsアドワーズ広告）とは，インターネット等の利用者が，自身が調べたいと思った「キーワード，言葉」をグーグル等の検索エンジンで検索したとき，その「キーワード，言葉」を含む，あるいはそれに関連する広告，製品，企業などを検索と同時に同じ画面に表示する機能をもった広告である。ちなみに，AdWordsとは，広告の意味のAdvertisingと言葉・単語の意味のWordsを合成したものである。

定できないという意味である。早く情報を伝達できるが、あくまでもそれは、不特定多数の人々にたいしてであり、細かな受け手の選別（ターゲット・セグメントへの集中的情報伝達）ということはできないという意味である。一方、集中的（個別的）というのは、細かな受け手の選別が、ある程度可能であるという意味である。一挙に多くの人へ到達することはできない（一部、インターネットのメール配信はできる）が、狙ったターゲット・セグメントにたいして集中的に情報を伝達することはできる。

（2）広告のプロセス

広告実施のための手続きは、図表7－5のように示される。①広告目標と広告予算の設定、②広告コミュニケーション目標の設定、③メッセージの決定、④媒体ミックス、⑤実行、⑥評価。

①広告目標と広告予算の設定
目標とする売上高あるいはシェアは、広告活動単体で達成するものではなく、他のプロモーションである販売促進活動、人的販売活動、パブリシティ活動などと相互補完的に達成するものである。したがって、これらの

164

図表 7 - 5 広告のプロセス

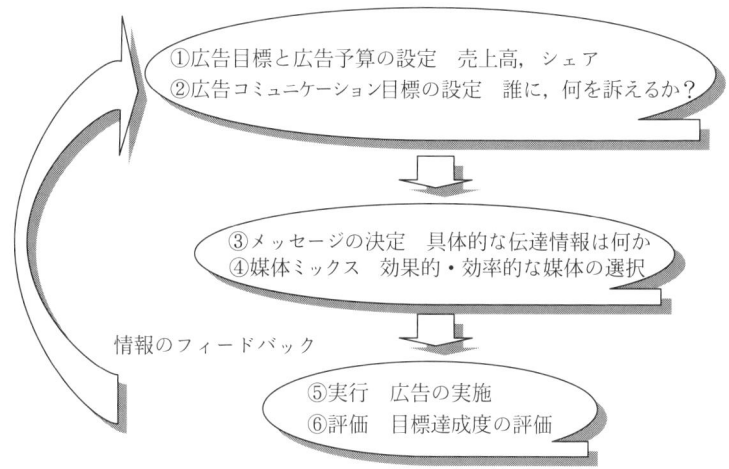

①広告目標と広告予算の設定　売上高，シェア
②広告コミュニケーション目標の設定　誰に，何を訴えるか？

③メッセージの決定　具体的な伝達情報は何か
④媒体ミックス　効果的・効率的な媒体の選択

情報のフィードバック

⑤実行　広告の実施
⑥評価　目標達成度の評価

活動の費用と成果の関係を考慮して、プロモーション・ミックスを決定する。そして、この決定されたプロモーション・ミックスの下で、広告による売上高と利潤にたいする目標とそれを達成するための予算を決定する。

② 広告コミュニケーション目標の設定

この広告目標の達成のために、誰にたいして広告を行うのか、そして何を訴えるのかということを、次に決められなければならない。消費者のどのセグメントをターゲットとして狙うべきか。それは基

165　第 7 章　プロモーション戦略（コミュニケーション戦略）

本的には製品戦略にもとづく製品コンセプトに依存して決める―もちろん設定する価格にも依存する―。広告活動上、狙うべきターゲットを決めたならば、それら消費者セグメントにたいして、何を訴えたらよいのか。これは、消費者の製品にたいする理解・知識の状態と意思決定プロセス上の位置に依存して決定する。

ここで言う理解・知識の状態とは、製品にたいする消費者の認知構造に密接に関係しており、当該製品を他の知識あるいは他の製品との関連において、相対的あるいは主観的にどのように位置付け構造化して理解しているのかということを意味する。マーケティングあるいは製品戦略上は、消費者の認知空間上における製品のポジショニングを意味し、それに対応した広告を行う、あるいは企業の意図する位置へ製品を位置付ける作業が必要とされることになる。

意思決定プロセス上の位置とは、製品の知覚から（知）、態度形成（情と意）、そして購買（あるいは認知的不協和低減行動の状態）までを意味する。

このように、消費者の購買までの意思決定プロセスを簡略化して、知、情、意のプロセスとして捉えるならば、広告のコミュニケーション効果は、知：存在を知らせる、情：良好な感情を導く、意：購買意図そして購買へとい

う行動を引き起こす（あるいは、さらに認知的不協和を低減する）というように細分される。したがって、それに応じた形でもコミュニケーション目標を決める必要がある。

③メッセージの決定

メッセージの決定は、企業の訴えたいこと、あるいは製品コンセプト（消費者にとっての製品の主観的意味、意義）を具体的な言葉、記号、絵、色、音、あるいはイメージで置き換えることである。それは、先の消費者の製品にたいする理解・知識、意思決定プロセス上の位置にも依存する。消費者が当該製品を購買・使用するならば、消費者の欲求をうまく充足できますよ、ということを訴える。メッセージには、消費者の理性と感性を満足させ、そして社会的承認（購買することにたいする大義名分、理由）を与える内容が含まれていることが望ましい。

④媒体ミックス

決定されたメッセージを最も効果的・効率的に伝達しうるいくつかの媒体を候補に挙げ、それらの組合せすなわち媒体ミックスを検討する。この広告媒体ミックスは、コミュニケーション目的に沿って、消費者の広告露出度（到達範囲・頻度）、影響度（理性、感情）、費用を考慮して決める。露

167　第7章　プロモーション戦略（コミュニケーション戦略）

出（Exposure）とは、消費者が当該広告にさらされることである。それは、広告にたいする注意、知覚、認知のレベルにかかわらず単に広告を見る機会があったことを意味する。影響度は、消費者の理性と感情に訴える広告の訴求力である。費用は、媒体の使用のために支払うお金である。これらを勘案して、最も有効であると考えられる媒体を選択し、組み合わせる。

⑤ 実　行

広告を実施する。

⑥ 評　価

広告の最終的目標は、消費者の購買を獲得することである。しかし、広告と実際の購買（売上高）の関係は、他の諸変数の影響が含まれるために、簡単には測定できない。現実には、広告効果の測定は、消費者の製品にたいする知（知覚と知識）・情（好み、選好、態度形成）・意（確信、購買意図）までを測定することが一般に行われ、行動（購買）までにはなかなか至らない。したがって、通常は媒体の露出度合、消費者の製品あるいはブランドにたいする知名、理解、好意的態度、購買意図の測定値が、フィード・バック情報として次の広告活動の有効性と効率性のために生かされる。

168

(3) 広告媒体の特性

広告媒体の特性を、広告メッセージの到達範囲、頻度、到達範囲の識別性、影響度（インパクト）、時間、そして費用という視点から考察する。

到達範囲に関しては、広ければ広いほど、あるいは多ければ多いほど良い。視聴者、読者の数、媒体接触者、実施地域の範囲が考慮される。頻度に関しては、多ければ多いほど良い。実施時期と期間、そして回数が問題となる。到達範囲の識別性に関しては、識別性が高いほど良い。人口統計的な変数である年齢、性別、職業、所得、教育程度、社会心理的な変数である価値観、欲求、態度、ライフスタイル、地理的な変数である住居地域などをどの程度弁別できるかということである。影響度に関しては、強ければ強いほど良い。媒体の表現力（文字、色、音などの多様性）、詳細性、信頼性、具象性、親近性、累積性などが重要である。時間に関しては、伝達速度が速く、保存性・持続性が高いほど良い。速報性、保存性、そして同時性が考慮される。費用に関しては、安ければ安いほど良い。媒体使用料金と広告制作費用が考慮される。これらの要因に関連して、主な広告媒体の特徴を簡単にまとめると、図表7—6のようになる。

図表 7 − 6　広告媒体別の長所と短所

	長　　所	短　　所
新　聞	毎日 → タイムリー，費用が安い，地域を限定できる，信頼性が高い，広い受容（多くの家庭が読む）	毎日 → 寿命が短い，再生（画質）の質が悪い，読者の識別生が弱い。
雑　誌	週刊・月刊 → 寿命が長い，費用が安い，読者や地域を限定できる，再生の質が高い，情報量大。	見過ごされる可能性がある。
テレビ	多くの人に短時間で到達。視聴覚に訴求，感覚的情報，高い注目率・到達率，信頼性が高い。	費用が高い，きめ細かな視聴者の選択は不可能。
ラジオ	費用が安い，放送時間帯や番組で聴取者を限定，放送エリアで地域を限定。	聴覚のみ → 聞き流される。
屋外広告	地域を限定できる，消費者の構えのない状態に視覚を通じて突如入る，サイズ自由自在。	表現あるいは内容をすぐに変更できない。
ダイレクトメール	顧客の選択ができる → 反応率が高い，同一媒体に他の広告がない，個別的対応が可能，顧客の手元に直接届く。	名簿作成，発送等の手間ひまと費用が比較的かかる。
インターネット広告	情報が速い，表現方法が多様である，即時的な情報のフィードバック可能，絵・動画と音の使用が可能。	消費側からのアクセスが煩雑・コストが高い，利用者が限定されている。
ノベルティグッズ	顧客の選択ができる，所有・使用の間の持続性がある，話題性と口・コミのきっかけ作りとなりうる。	比較的費用がかかる，消費者の数が限定される。

（4）広告効果モデル

広告効果モデルとは、広告効果を測定するためのモデルである。広告にたいする消費者の心的反応プロセス、すなわち広告に露出され、最終的に製品を購買するかどうかの判断を下すまでのプロセスを段階的に記述したものである。したがってそれは、販売に直接関係する消費者の購買・非購買という最終的決定のみではなく、コミュニケーション・レベルの中間状態も含めて取り扱おうとするのである。図表7－5に示した広告プロセスの「⑥評価」の一部の役割をもつものである。

マーケティングで古くからよく知られているモデルに、AIDA（あいだ）モデルとかAIDMA（あいどま）モデルと呼ばれるものがある。AIDAモデルでは、下記の4段階が描かれている。①注意（Attention）、②関心（Interest）、③欲望（Desire）、④行為（Action）。AIDMAモデルでは、このAIDAモデルの③欲望と④行為の間に記憶（Memory）という機能段階が介入すると仮定されている。

広告に触発されて、消費者はまず製品に関して注意（Attention）をする、そしてそれが良さそうであれば関心（Interest）をもち、それに関して情報を集め、そしてそれらを記憶し（Memory）、その結果、欲しいという欲

望（Desire）が生じるならば、最終的に購買という行為（Action）に至る。あるいは、購買しないという行為に至るかもしれない。このような過程をモデル化したものである。

また同様のモデルとしてDAGMAR（Defining Advertising Goals for Measured Advertising Results）モデルも有名である。※これも同様に、下記のように5段階が想定されている。①未知（unawareness）、②知覚（awareness）、③理解（comprehension）、④確信（conviction）、⑤行為（action）。消費者は製品にたいして、未知（unawareness）の段階から、製品の存在を知覚（awareness）し、製品機能や効用を理解（comprehension）し、その後、製品が自身にとって有用なものであると確信（conviction）を得たならば、最終的に購買・非購買という行為（action）に移るというものである。このモデルも、AIDAモデル、AIDMAモデルの内容とほぼ同様である。

さらに、ラビッジ＆スティナー（R. J. Lavidge & G. A. Steiner）が提起した広告効果の階層モデル※※※は、次のような6段階から成っている。

① 知覚（awareness）段階：個人は、単に製品やサービスの存在に気づいているだけである。

※ Russell H. Colley, *Defining, Advertising Goals for Measurements of Advertising Result*, Association of National Advertisers, Inc. 1965, pp. 47–68.

※※ Robert J. Lavidge and Gray A. Steiner, "A Model for Predictive Measurement of Advertising Effectiveness", *Journal of Marketing*, Vol. 25, October, 1961, pp. 59–62.

※※※ 広告効果測定モデルは、広告会社の策略である？

広告の本来の最終目標は、消費者の購買を獲得することである。しかし、2つの理由から、広告会社は、最終目標である購買を広告効果の最前面に出すことができない。1つ目の理由は、購買（売り上げ）にたいする純粋な広告の効果を測ることができないからである。製品がよく売れた、売れなかったという結果は、

172

② 知識（knowledge）段階：個人は、その製品がどのような機能を果たすのかを知っている。

③ 好意（liking）段階：個人は、その製品にたいして好意的な態度あるいは好意をもっている。

④ 選好（preference）段階：個人の選好態度が、他の製品よりもその製品を選好するまでに発展している。

⑤ 確信（conviction）段階：選好が、購買欲求や、その購買は賢明であるという確信に結びつく。

⑥ 購買（purchase）段階：態度が、現実の購買行動に移行する。

ラビッジ＆ステイナーは、このモデルを提示するにあたって、これらの段階が必ずしも等距離にあるものでないこと、各段階を移行するのに要する時間と困難性は、製品特性と消費者特性の両者により異なるということを指摘している。そこでは、彼らは当該製品の購買において、心理的、経済的関与が大きいほど、各段階の購買を移行するにはより多くの時間を必要とするという仮説を提示している。上述のように、いずれのモデルもいくつかの機能段階を仮定し、広告効果を測定しようとしている。※※※

マーケティング・ミックスのいろんな要因が複雑に絡み合った結果である。製品自体の機能・デザインの良し悪し、価格設定の適切性、選択した流通チャネルの適切性、あるいは広告以外の販売促進活動、すなわち景品・おまけグッズによる効果、その他もろもろに絡んでくる。その中から、純粋に広告効果だけを抽出することができない。

もう1つの理由は、最終目標である購買になかなか到達できないからである。買いたいという気持ち（欲望、確信、購買意図）と実際の購買の間には、深く大きな溝がある。購買を広告効果の測定基準にしてしまうと、広告（費）の投入にたいして、結果としての購買がなかなか付いてこない。企業広告主である以上、クライアント企業から、「なぜ？広告の効果がでないのですか。おたくの広告の仕方がヘタな

3. 販売促進活動

販売促進活動 (sales promotion) は、製品やサービスの購入を促進するための活動で、広告活動や人的販売活動以外のものを意味し、それらを補助するものである。その活動対象は、消費者、流通チャネル、そして社内に向けてのタイプがある。その主たる目的は、それぞれ以下のように要約される。消費者にたいしては、新規消費者の試用・購買の獲得、既購買者の購買量・使用量の増大である。流通チャネルにたいしては、自社製品の優先的取扱いを目指すものである。そして、社内にたいしては、労働意欲、参加意識の向上である。その基本は報償制度であり、優れた販売実績、販売企画、経営・販売・商品アイディアなどにたいして、適用される。消費者、流通チャネル、そして社内にたいする販売促進活動の方法を、モノ、カネ、情報の3つの視点により分類すると、図表7—7のようにまとめられる。

販売促進活動に関して、次のことに注意しなければならない。その需要喚起効果としては、通常は、長期的であるよりも短期的である。また、この種の販売促進活動は、過度に行うと逆効果になることに注意しなければ

のでは?」という苦情が出てしまう。そこで、広告会社は、ハタと考え、他の広告効果測定の手段を考えなければ、創り出さなければ、という思いに駆られ、知恵を絞った。そこで思いついたのが、購買に至らなくても、そこに至るまでの過程にも価値を見い出すことであった。そこに至るまでの過程が、注意、知覚、関心、理解、好意、欲望、選好、確信などの概念である。これらの概念は、クライアントにたいする説明、言い訳の道具として役に立つ。「今の段階では、購買までには至っていませんが、消費者の注意、関心、好意、確信などのレベルが、以前よりもはるかに上がってますよ。売り上げアップまでは、もう一息です!」というような……。

174

図表 7-7　販売促進活動の方法

	モ　ノ	カネ（金銭的）	情　報
消費者	景品／おまけグッズ ・抽選 ・スタンプ ・クーポン サンプル提供	値引き バーゲン キャッシュ・バック 賞金	店頭イベント 展示・発表会 商品使用講習会 消費者組織化 ・カード／友の会会員 ・セミナー ・モニター制度
流通チャネル	店頭サイン／看板 内装／陳列用具 セールス・マニュアル・キット 景品 旅行等招待	販売協力費の供与 値引き 数量割引 リベート／コンテスト ・販売数量 ・大量陳列 ・商品ディスプレイ	チャネルの組織化 ・店会 ・教育研修 ・講習会
社　内	記念品 特別休暇 海外・国内旅行	報奨金 　特別ボーナス	表彰 　教育研修

ならない。この種の活動が頻繁に行われると、企業、製品、ブランドにたいする価値に疑問を抱き、それらにたいするイメージを低下させうる。

4. 人的販売活動

人的販売活動（personal selling）は、販売を目的とした口頭による情報伝達・説得活動である。主として、セールスマンや店員、販売員による活動がこれに含まれる。そして、この人的販売活動は、他のプロモーション活動にないマーケティング活動上、重要な機能をもっている。消費者側からの情報発信をキャッチし、吸い上げるという機能である。この人的販売活動は、消費者だけでなく卸売業者や小売業者にたいしても行われるが、ここでは主として、消費者にたいする人的販売活動に関して記述する。

(1) 人的販売活動の特性

人的販売活動の特性をコミュニケーション・チャネル特性の観点から見てみよう。人的販売活動をパーソナル・チャネル、それ以外の他のプロモーション特に広告活動などをマス・チャネル活動とみなすと、次のような

176

図表7-8 人的販売活動の特性

	パーソナル（人的）	マス・チャネル（他のプロモーション）
多数のオーディエンスに到達するスピード	相対的に遅い	相対的に速い
情報のフロー	両方向	一方向
コミュニケーションの特徴	対面的	非対面的
フィードバック	容易	困難
可能な効果	態度の形成と変化	知覚・知識の獲得
選択的プロセス（特に露出）を打ち破る能力	大きい	小さい

出所：Everett M. Rogers and F. Floyd Shoemaker, *Communication of Innovations*, The Free Press 1971, p.253.

対比が見られる（図表7-8）。

人的販売活動は、情報伝達の速度に関して、マス・チャネルよりも劣っている。しかし、情報のフローが一方向でなく両方向であるということ、そしてコミュニケーションの特徴として消費者に相対するときにおいて非対面的でなく対面的であるということから、疑問点等の質問にたいして情報のフィードバックが容易に行われうる。したがって、その効果としては、知覚・知識よりも、態度の形成と変化にたいして大きい。また、対面的であるということから、消

費者が情報を選択的に取捨選択するという、選択的プロセス（特に露出）を打ち破る能力が大きい。一般的に、人的販売活動は、消費者の意思決定プロセスの最初の段階よりも、後期の段階、すなわち意思決定をするという状況・時期において有効であるといわれる。

このように人的販売活動をパーソナル・チャネルとしてとらえると、それは製品を売る過程において、製品にたいする消費者の反応を直接観察したり、要望や不満を直接聞く機会をもつことを意味する。これは、市場調査等の情報収集活動に比較して、迅速かつ生のデータが得られるという利点をもっている。この情報を他のプロモーション活動の効果的展開に、即時的に生かすことが可能となる。

（2）人的販売活動のステップ

人的販売活動のステップとその内容は、以下の3つの段階機能に要約される。

① 見込顧客の調査・探索と接近

可能性のある顧客を探し出す、あるいは特定する。潜在的な顧客のプロ

178

フィールを人口統計的、社会経済的、心理的、地理的変数などにより、さまざまな角度から明らかにする。そして、適当と思われる接近法を取る
――手紙、電話、訪問、紹介――。

② 商　談

顧客の欲求とセールス製品を関係づける。製品の説明を行うが、それと同時に会社と自身にたいする信頼感を形成するように努める。抵抗や反論を慎重に少しずつ処理する。論理だけでなく、感情的にも納得できるように説得することが大切である。商談成立の的確な時期・瞬間をつかむ。

③ 決定後のフォロー

購入という顧客の意思決定が正しかったということを確認させ、顧客自身の認知的不協和低減行動を助ける必要がある。さらに、保証等のアフターサービスをきめ細かく行うことにより、顧客の満足感を獲得・維持し、次回の購買に結びつけるという学習・習慣効果を獲得する。

（3）**人的販売活動の人材**

有能なセールスマン、店員、販売員のもって生まれた資質として、よく指摘されるのが、感情移入、共感能力、自己実現欲求、勤勉、チャレンジ

精神、高レベルのエネルギー、自信、持続力などである。しかし、これらの資質が高いということがすべての販売・市場分野で普遍的に有利であるとは結論できない。ある論者は、売る側と買う側の類似度が大切であるという。すなわち、年齢、所得、生活水準、教育（養）水準、趣味、価値観、思想などの類似度が高い程、セールスの可能性が高くなると結論している。

一方、現代の市場において、普遍的に必要となっていることは、当該分野における専門的知識や技術である。世の中が、そして製品が複雑になっているので、顧客にたいして、製品の意味、価値を幅広く専門的にかつやさしく説明し、わかってもらうことが必要になっている。

（4）人的販売活動の組織

人的販売活動の組織編成は、基本的には次の3つがある。そして、他の形態はこの3つのタイプの変形あるいは組合せの結果である。

① 地域別組織

地域別に販売担当を決める。担当地域の大きさは、管理しやすさ、移動時間、潜在市場規模、業務量の均等化などを基準にして決められる。製品

180

や顧客が比較的同種類の場合には、地域別組織は有効である。

②製品別組織

製品別に販売担当を決める。製品別の専門知識が必要、製品数が膨大、製品間の関連性が希薄というような場合、有効である。

③顧客別組織

顧客のセグメント別に販売担当を決める。顧客のニーズに対応する形で、効率的に顧客を区分できる場合に有効である。

5. パブリシティ活動

(1) パブリシティ活動

パブリシティ活動 (publicity) は、製品や企業に関して、企業の目的達成に有利なあるいは好意的な情報を公の媒体に記事としてのせる活動をいう。新聞、雑誌、テレビ、ラジオ、その他の媒体がある。目的は広告活動と同じであるが、広告活動とは異なり無料であることが前提である。

パブリシティ活動は、媒体にたいして料金を支払わない代わりに、媒体における扱いの程度・内容を完全にはコントロールできない。公の媒体に

載せる方法としては、マス・コミへのニュース発信と話題性の創造であある。企業自体、製品、広告、イベント、景品、その他企業に関連するあらゆるものをタイムリーな話題作りの俎上に載せる。

パブリシティ活動は、情報が記事あるいはニュースとして流されるので、消費者は、媒体が中立的であると信じている限りにおいて、その情報にたいして高い信頼性を置く。また、ニュース・バリューがあるので、話の種として、パーソナル・コミュニケーション等を含む波及効果が大きい。パブリシティ媒体の選択に関しては、次のことに気を配らなければならない。情報掲載に協力的か、媒体として社会にたいする影響力は十分か──読者の量と質、信頼性、地域──、訴及内容と視聴者・読者層が一致しているか、訴及情報に熟知している記者・レポーターが確保できるか、スケジュール変更等の柔軟性はあるかなどである。

（2）パブリシティ活動とパブリック・リレーションズ

パブリシティ活動に似た言葉で、パブリック・リレーションズ（PR：public relations）という言葉がある。パブリック・リレーションズ（以下、便宜上PRと呼称する）とは、主体となる組織体がそれと何らかの関係をも

182

つ個人、組織との間において良好な好ましい関係を作り、維持していくすべての活動である。一方、プロモーション戦略は、製品あるいは企業に関する情報を消費者に提供、伝達することにより、製品の需要を誘導する諸活動である。

　パブリック・リレーションズ（PR）は、直訳すると「公の、公共の関係」となり、満遍なく幅広い対象を意識している。プロモーションは、直接的な影響関係にある消費者、卸・販売業者が中心的な対象である。PRは相対的に間接的でソフト、そして時間的により長期的なスパンでの効果を目指している。一方、プロモーションは、相対的に直接的で時間的に短期的なスパンでの効果を目指している。また、PRが、企業組織自体に関係しているのにたいして、プロモーション活動は、製品に強く関係し直接的な売り上げ効果を目指している。PR活動に含まれるものとしては、催し事、スポーツイベント、会社開放、工場見学、広報誌、ロビー活動などが挙げられるかもしれない。

6. 市場調査

通常、マーケティング・リサーチは、組織と（市場）環境を結びつけるものととらえられる。そのリサーチ範囲は、組織自体を含めて直接・間接的な関係をもつ外部環境全般にわたる。その過程は、情報の特定から収集、分析、解釈までを含んでいる。それによって経営管理者はその組織自体と環境を理解し、問題（脅威）や好機を識別し、マーケティング行為の代替案を開発し、評価することができる。

当節では、マーケティング・リサーチの下位概念として、市場調査概念を使用する。すなわち、ここではマーケティング・リサーチの多様な対象の中で、限定的に消費者をリサーチ対象とする場合を市場調査と呼び、以下記述する。

（1）調査目的と分析水準

市場調査の最初の手続きは、調査目的の設定である。すなわち、何をどこまで明らかにしようとするのかを決めることである。必要な情報の特定

を行うことになる。それは企業の当面の問題意識を起点にし、予算と時間の制約を考慮して決めなければならない。

必要以上の情報を、余計なお金と時間をかけて獲得する必要はない。必要とする情報を、的確に得ることが肝心である。たとえば、ある製品の次年度の売上高を予測する場合、極論的には2つの方法が考えられる。1つは、多くのサンプルからなる個々人のデータ、すなわち当該製品の購買の有無・量、そして所得、年齢、職業、学歴、趣味、性格、態度、価値観、ライフスタイル、血液型、家族構成などなどのデータを収集し、詳細に分析、あるいはモデル化し、次年度の予測を行うという方法がある。一方、過去のトレンドを単純に延長することにより、予測を行うという方法もある。なぜ、消費者が当該製品を買わないで、他の製品を買うのかというような問題を明らかにしようとする場合は、前者の方法が有効である。しかし、単に売り上げを予測するという問題に関しては、後者の方法でも十分目的を達成し得る。予算的あるいは時間的な制約がある場合には、後者の方が有利である。調査目的に合った分析水準を採用することが大切である。

(2) 調査データの源泉

使用する調査データの源泉は、収集データ（1次データ）と既存データ（2次データ）の2つである。収集データは、オーダーメイドの情報で、必要とする主体が、その目的に応じて新たに収集・作成する情報である。既存データは、レディメイドの情報で、公官庁、企業、マスコミ媒体、研究所、その他の組織・個人が公にした情報である。

① 収集データ

データ収集はさまざまな方法がある。対照的に記述すると、全数・標本、実験・非実験、パネル・非パネル、観察（刺激なし）・質問（刺激あり）などである。調査対象のすべてからデータを得る全数調査による方法と対象からいくつかのサンプルを抽出し、全体を推定するサンプリングによる方法。調査対象にたいして人為的な状況を設定し、そこからデータを得る実験的方法と自然的な状況のままにそこからデータを得る非実験的方法。調査対象のある一時点におけるデータを得る方法と対象を時間的に追ってデータを得るパネル調査という方法。調査対象を観察することによってデータを得る方法と見るだけではなく対象にたいして質問（刺激）を与えるこ

図表7－9　データの収集方法

数量的	アンケート 生理的反応の測定（脳波，心電図，皮膚電図など） 観察
記述的	深層面接（投影法） グループ・インタビュー

とによってデータを得る方法。調査目的に応じて、これらの方法を組み合わせて、実際のデータ収集が行われる。

現実に行われている方法をそのデータ特性により、数量（定量）的と記述（定性）的の2軸によって分類すると、図表7－9のようになる。

アンケートは、質問紙による回答によりデータを得る方法である。留置法、面接法、郵送法、電話法などがある。生理的反応の測定は、電位変動により興奮あるいは安定状態を測定する脳波、心電図、皮膚電図などがある。あるいは、総称的にポリグラフ(polygraph)と呼ばれる脈拍、脈圧、呼吸、血圧、眼球運動などを測定するという方法もある。観察は、調査対象を外部からあるいは対象集団の中に入って観察することにより、数量的あるいは記述的なデータを得る方法である。深層面接は、個人の奥深くにある欲求、願望、感情、葛藤などの様相を導き出そ

187　第7章　プロモーション戦略（コミュニケーション戦略）

うとする方法である。よく使われる方法に、ロールシャッハ・テスト、主題統覚法、文章完成法、言語連想法、描画法などがある。グループ・インタビューは、面接者が中に入りある程度討論をコントロールする場合、面接が中に入らないで自由に討論を行ってもらう場合がある。その討論の発言内容をデータとして得ることになる。

②既存データ

市場調査で有用な既存データの出所とその内容を簡単に記す。便宜的に、a・全体的データ、b・経済的データ、c・企業データ、d・マーケティング・データ、e・文献データに大別すると下記のようなものがある。

a．全体的データ

http://www.e-gov.go.jp/　行政情報の総合案内：日本の各省庁のホームページへ行ける。

http://www.e-stat.go.jp/　政府統計の総合窓口（総務省統計局　独立行政法人統計センター）：日本に関するあらゆるデータを探すことができる。

b．経済的データ

http://www.cao.go.jp/　内閣府ホームページ，経済白書等。

http://www.stat.go.jp/　総務庁統計局・統計センター：日本のあらゆる統計調査を網羅。

c．企業データ

https://info.edinet-fsa.go.jp/　『有価証券報告書』EDINET（Electronic Disclosure for Investors' NETwork）

d．マーケティング・データ

http://www.nikkei.com　NIKKEI NET（日経新聞）：企業活動と消費動向の調査報告。

　『広告白書』（日経広告研究所編），『流通経済の手引き』（日経流通新聞編），情報メディア白書（電通総研編）

e．文献データ

http://www.ndl.go.jp/　国立国会図書館

http://www.nii.ac.jp/els/　国立情報学研究所図書館サービス

http://www.gov-book.or.jp/　政府刊行物サービス・センター：政府刊行物を検索，注文。

7. 川下からの情報収集

川下からの情報収集は、消費者相談窓口、セールスマン、店員、中間業者などを通じて消費者その他に関する情報を得ることである。これらの川下からの情報収集の中で、消費者から直接情報を得る消費者相談窓口に関して、以下簡単に見てみよう。

消費者からの苦情や問い合わせは、企業にとっては歓迎されざるもの、煩わしいもの、できるならば隠しておきたいものであった。しかし、消費者からの声は発想を変えるならば、消費者からの情報発信であり、それを拒絶することは、消費者とのコミュニケーションを拒絶し、自ら消費者との間の友好関係を形成する機会を捨てていることを意味していた。現在、それは苦情処理から消費者の生活情報の収集へと機能の拡大を促し、その機能に向かって変化しつつある。

190

〈消費者相談窓口の長所〉

① 通常の市場調査では、2次データや質問紙に依存した定形的な情報が多く獲得されるが、消費者相談窓口からの情報収集は、定形的でない多様な情報を得ることができる。

② 市場調査では、データが得られる時期（間）が非連続的であるが（調査時点）、消費者相談窓口からの情報収集は、連続的かつ継時的にデータを得ることができる。

③ 消費者から直接得る情報という点では、消費者相談窓口は、POS（point of sales＝販売時点情報管理）情報に類似している。しかし、POS情報から得られる情報は、買った買わないの1、0の情報が基本である。一方、消費者相談窓口から得られる情報は、その1、0の前後の具体的な情報が得られる点に特徴がある。

消費者相談窓口から得られる情報は、以上のような特徴をもっているが、問題は得られた情報をどのように活かすかということになる。いくつかの先進的な企業では、どのような顧客が、どの製品の、どんな問題について苦情や相談をもちかけてきたかという情報が随時データベース化されてい

る。これらの蓄積されたデータは、研究開発、製造、販売など各部門がいつでも自由に検索、分析できるようになっている。

さらに最近では上記以外に、インターネットを通じた消費者からの情報取得ということも大きな比重を占めるようになっている。企業のホームページにたいする反応、質問、掲示板やチャットの書き込みが、量的にも質的にも、企業にとって有効な情報となりつつある。そして、これらのインターネット上から得られる文字情報を、「自然言語分析」というようなコンピュータ解析手法で、自動的に人の手をあまり煩わせることなく分析する手法の開発も着々と進められている。

第 8 章

消費者行動

1. 消費者行動とは
   (1) 消費者とは　　(2) 消費者行動とは
2. 消費者意思決定プロセス
   (1) 刺激(情報)　　(2) 動機づけ
   (3) 情報収集処理　(4) 行　動
3. 消費者特性要因
   (1) 人口統計的変数　(2) 所　得
   (3) パーソナリティ
4. 消費者行動の外的影響集団
   (1) 準拠集団　　(2) 社会階層と消費階層
   (3) 誇示的消費と受容的消費

マーケティング範囲の図

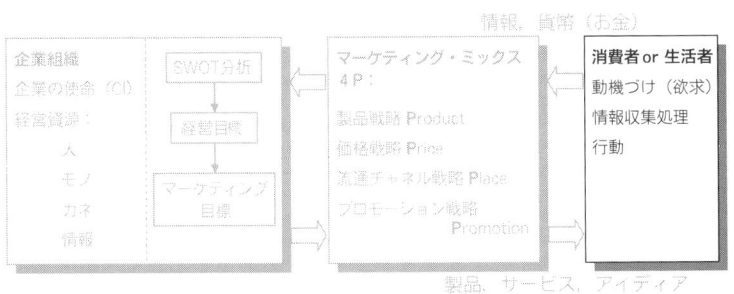

企業組織		マーケティング・ミックス 4P	情報, 貨幣 (お金)	消費者 or 生活者
企業の使命 (CI)	SWOT分析			動機づけ (欲求)
経営資源:		製品戦略 Product		情報収集処理
人	経営目標	価格戦略 Price		行動
モノ		流通チャネル戦略 Place		
カネ	マーケティング目標	プロモーション戦略 Promotion		
情報			製品, サービス, アイディア	

1. 消費者行動とは

(1) 消費者とは

消費者 (consumer) とは誰か。本書では、市場に存在する製品、サービス、アイディアを購買、使用・消費する人、もしくはこれからそれを検討する人、検討している人、あるいはすでに検討した人を消費者とみなす。製品の購買を検討した人であるならば、たとえ当該製品を購買しない、使用・消費しないという判断を下したとしてもその人は消費者とみなす。

消費者は、行動の目的の違いによって、次の2つのタイプに分類できる。世帯消費者 (household consumer) と産業消費者 (industrial consumer) である (図表8−1)。世帯消費者は、個人または家族の欲求充足のために製品、サービス、アイディアを求める人々である。世帯消費者は、欲求を充足するために製品を最終的に使い果たすので、購入したものを再びマーケティング経路に乗せて販売をしない。その意味で最終消費者 (final consumer) とも呼ばれる。一方、産業消費者は、再販売するためにそれらを

顧客とクライアント
消費者に関連した言葉に、顧客 (customer)、そしてクライアント (client) という言葉がある。顧客は、英語の custom (er) からくる愛顧という意味がそこに込められている。当該製品をそこに頻繁に買つ他の購買者よりも頻繁に買う得意客というニュアンスがそこに含まれる。クライアントは、弁護士あるいは医者などのような専門的な職業のお客様という意味で使用される。この場合、依頼人とか患者と呼ばれる。企業と消費者の通常の関係よりも、両者の間のより密接な関係の存在を示唆している。また、広告会社の場合、そのスポンサー企業 (広告主) をクライアントと呼んでいる。

図表8－1　世帯消費者と産業消費者

消費者 ｛ 世帯消費者：個人消費者 ⇒ 最終消費者

産業消費者：企業，政府機関，非営利組織（大学，病院，宗教法人など）⇒ 再販売

求める人々である。購入した製品は、そのまま再販売されるか、販売する完成品の一部分になるか、あるいはその生産過程において消費されるかのいずれかの形態を取る。産業消費者には、企業（製造業、卸売業、代理店、小売店など）、政府機関、非営利組織（大学、病院、宗教法人など）が含まれる。本書では、産業消費者ではなく、世帯消費者を、特にその中でも個人消費者を中心に説明をする。したがって、消費者と記述するときはあえて他に言及しない限り、世帯消費者の中の個人の欲求充足を目指す個人消費者を示す。

（2）消費者行動とは

消費者行動は人間行動の一部である。人間行動は、個人がその環境と相互作用し合う全体過程である。個人の経験する思考、感情、行為などは、すべて人間行動である。仕事や勉強のことを考えたり、恋愛

195　第8章　消費者行動

をしたり、悩んだり、喜怒哀楽を示したり、跳んだり、走ったりということはすべて人間行動である。その中にあって、消費者行動は、人間行動における何らかの欲求を満たそうとして、それを満たしうると思われる対象を、経済活動を通じて獲得しようとする行為である。※ 市場に存在する製品・サービス・アイディアを購買するということは、人間の欲求のうち購買あるいは消費によって満たすことができる部分を求めるということを意味する。本書では、消費者行動を下記のように定義する。

『消費者行動とは、個人あるいは組織の欲求や要求を充足するために、他の個人や組織によって供給される経済的な財である製品、サービス、アイディアの購入や使用・消費を意図し、検討する個人の情報収集処理とそれを実行する、あるいは実行した結果の実際の諸活動である』

この定義には、消費者行動を構成する4つの基本的構成要素が含まれている。すなわち、a.行動主体である個人、b.欲求や要求という消費者を行動に駆り立てる動機づけ過程、c.消費者の内外の情報を収集処理する過程、d.購買に関わる実際の行動の4つである（図表8−2）。ここでは行動主体である個人の差異を示すものを消費者特性と呼ぶ。一方、動機づ

※経済活動を通じて獲得しようとする行為というのは、コンビニエンス・ストアに入って、お金を支払い欲しいものを手に入れることであり、お金を支払わないで、窃盗、強盗、万引き等の手段により欲しいものを手に入れることではない。後者の行為は、刑法の問題領域で、通常マーケティングの研究対象外である。

196

図表 8 − 2　消費者の意思決定プロセスと消費者特性に関わる概念

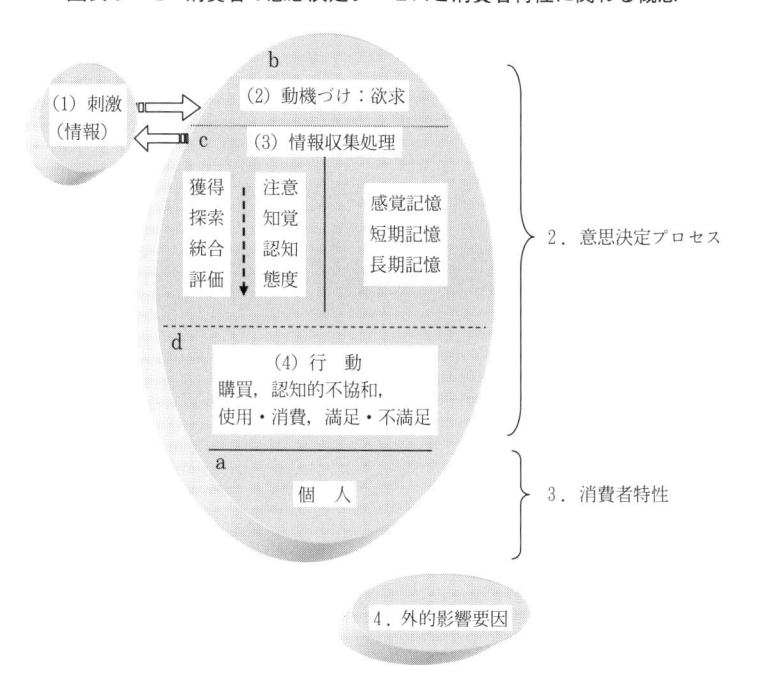

(1) 刺激
（情報）

b
(2) 動機づけ：欲求

c
(3) 情報収集処理

獲得　　注意
探索　　知覚
統合　　認知
評価　　態度

感覚記憶
短期記憶
長期記憶

d
(4) 行　動
購買，認知的不協和，
使用・消費，満足・不満足

a
個　人

2．意思決定プロセス

3．消費者特性

4．外的影響要因

け過程、情報収集処理過程、そして行動を包括して消費者の意思決定プロセスと呼ぶ。そして、図表8－2に示されているように、消費者への外部からの影響として、直接的な「刺激（情報）」と間接的な外的影響要因が関係してくる。

2. 消費者意思決定プロセス

本節では、図表8－2の消費者の意思決定プロセスの部分としての、（1）刺激（情報）、（2）動機づけ、（3）情報収集処理、（4）行動について説明する。

（1）刺激（情報）

消費者が環境と相互作用する過程において、自身の外部に注意を向けるとき、いくつかの情報が知覚される。そのうち消費者にたいして何らかの反応行動を喚起するものが刺激である。この刺激あるいは情報は、消費者が受動的に受容することもあるし、能動的に自身から求めることもある。情報源という視点に立つと、企業から発信される刺激（情報）と商業ベー

198

企業から発信される刺激（情報）は、基本的には企業のマーケティング・ミックスによるものである。製品自体とプロモーションとしての企業のマーケティング・ミックスによるものである。製品自体を、消費者が店頭あるいはその他の場所で、直接製品を見たり触ったりするということ、そして企業のプロモーションとしてのTV・ラジオ広告、屋外広告、電車の中吊り広告やポスター、展示・発表会、店員やセールスマンの説明などである。商業ベースに乗っていない刺激（情報）としては、新聞・テレビ等の記事やニュース、そして個人的な人間関係としての家族、友人、職場、趣味仲間、パソコン通信などからの情報である。これらの刺激（情報）は、あらゆる機会をとらえて消費者に接近してくる。

（2）動機づけ

ここでは、消費者を行動に駆り立てる力とその過程に関して言及する。関係する概念は、動機づけ、動機・動因、欲求である。それぞれの概念に関して簡単な概念規定をしてみる。

動機づけ（motivation）とは、人が欲求を発達させ、それを満たそうとする一連の内的・外的活動全体を指す。そこには、行動の方向（目標）と

199　第8章　消費者行動

（それを駆動する）力が存在し、それにもとづく目標達成のための一連の活動があり、それらの全体が動機づけと呼ばれる。したがって、動機づけという概念、用語はこの項でこれから記述する全体過程の内容を指し、それらを包括するものである。

① 動機づけ諸概念とその過程の説明

動機（motive）あるいは動因（drive）とは、生活体にたいしてその行動を喚起し、ある目標へ方向づけるものを指す。動機と動因の言葉の使われ方の違いは、動因が生物学的、生得的、生体内的な動機づけ要因、動機が社会的、後天的、学習的な動機づけ要因を指すことが多いようである。本書では両語を同義として使用する。

欲求（need、要求と訳される場合もある）※とは、行動が志向する目標を指すものである。動機の概念には、駆動力（衝動）と方向の機能が含まれるが、欲求の概念には、そのうちの方向の機能だけが含まれる。したがって、動機という概念の方が欲求という概念よりもいくぶん広いものととらえられる。これらの概念の使い方は、下記のようになる。人間は種々の欲求をもつが、その中のある欲求が活性化しある具体的な行動を起こさせるとき、

※ E・J・マレー著、八木冕訳『動機と情緒』現代心理学入門3、岩波書店、1979年、11ページ。また、これと似た言葉に欠乏（want）があるが、欠乏も含めて欲求と呼ばれる。

その欲求をその行動の動機、あるいは動因という。「あれを、したいなー、欲しいなー」と思っているときは、それは欲求と呼ばれる。この欲求が、個人に情報収集、買い物行動を起こさせるとき、それはその行動の動機と呼ばれる。

② 欲求の種類

このような具体的な目標行動を引き起こす欲求の種類とその作用に関して、よく引用されるマズロー（A. H. Maslow）の欲求5段階説について記述する。マズローは、人間は5つの基本的欲求をもっており、それらは個人にとって重要性あるいは緊急性の優先順位が付けられていると仮定する。※それは、図表8—3のように、ピラミッド型の階層形式で通常表現される。最も基本的で重要とみなされる順に下から、次のように並べられる。

図表8－3　マズローの欲求の5段階

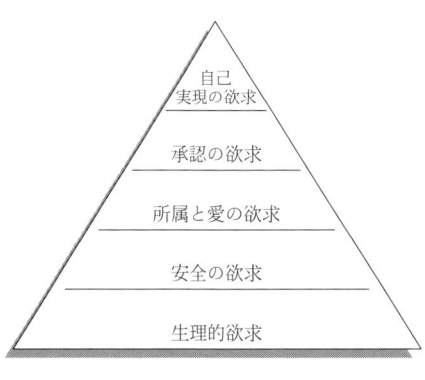

- 自己実現の欲求
- 承認の欲求
- 所属と愛の欲求
- 安全の欲求
- 生理的欲求

※ A. H. マズロー著、小口忠彦監訳『人間性の心理学』産能短大出版、1971年、89〜101ページ（A. H. Maslow, *Motivation and Personality*, Harper & Row, 1954）。

A・H・マズロー（Abraham Harold Maslow　1908年〜1970年）
写真出所：http://www.abrahammaslow.com/contact.html より。

201　第8章　消費者行動

- 生理的欲求：飢えや渇きを満たそうとする。
- 安全の欲求：秩序や安定性を求める。あるいは、未知より既知を好むという傾向。
- 所属と愛の欲求：組織、友人、恋人、家族と愛情に満ちた関係を求める。
- 承認の欲求：名声や尊敬を求める。
- 自己実現の欲求：自身の可能性の追求。

食物、安全、愛、尊敬を失った人間にとって、他のどんな欲求よりも空腹感に支配された欲求が、最も強く作用するであろう。他の欲求は存在しなくなるか、背後に隠れてしまう。そして、この食物にたいする生理的欲求が満たされるならば、すぐに他の欲求、この場合には安全にたいする欲求が出現し、生理的空腹よりも優位にたつ。そして、この安全の欲求が満たされると、再びさらに新しいより高次の欲求が出現する。このことが、より低次の欲求から、順次高次の欲求にたいして繰り返される。このような形で、人間の基本的欲求は、相対的優勢さによって、ヒエラルキー（階層）を構成しているというのが、マズローの欲求5段階説の理論である。

202

マズローは、上述の基本的欲求以外にそれと関連して、認知的欲求と美的欲求を指摘している。認知的欲求は、ものを知り理解しようとすること、美的欲求は、醜とか混沌ではなく、美や秩序を求めるということである。人は、曲がって掛かっている絵を、まっすぐに掛け直したいという意識的衝動をもつ。それは、美的欲求によるものであると彼は言う。※

消費者の製品購入において、どのような欲求が関係しているのか、どのような諸欲求の組合せなのか、そしてそれら欲求間における相対的な優位（重要）性の序列がどのようになっているのか、ということを理解することが大切なポイントである。

（3）情報収集処理

（3）−1　情報の獲得、探索、統合、評価

購買意思決定プロセスは、製品の存在を知ってから、その製品にたいして「買う・買わない」という購買行動を決めるまでの一連の情報収集・処理の過程である。消費者は、製品そのものを見たり、あるいは広告を見たりして、自身の欲求をくすぐる製品の存在を知る。そこからこの過程が始まる。消費者の情報収集処理は、次の4つの過程を進行する（図表8−2

※ 他己実現？
　ある他の論者は、自己実現の上のさらに高次の欲求として「他己実現」があると言っている人もいる。自分を高めるだけでなく、他人までも高めてあげようという、多少おせっかいな欲求と言えるかもしれない。

の一部を抽出し、図表8−4として提示）。情報の「獲得：注意過程」→「探索：知覚過程」→「統合：認知過程」→「評価：態度過程」。

図表8−4　消費者の情報処理過程

獲得	注意
探索	知覚
統合	認知
評価	態度

情報の「獲得：注意過程」。自身の欲求を満たしうる製品の存在にたいして注意を払う。次の段階の情報探索への端緒である。注意（attention）とは、情報（刺激）取得のための構えであり、個人の気持ちをある対象へ向けることである。人間は、感覚器官を興奮させるすべての刺激を、同時的に処理することはできない。いくつか必要あるいは重要と思われる情報刺激にたいして、情報の処理能力を適切に配分しコントロールするものが注意の機能である。注意は、一言で表現するならば、人間の情報処理能力配分システムと呼びうる。※どんな情報に意識を集中したらよいのか、どのあたりに情報を求めたら良いのか、どんな媒体と接触したらよいのか。テレビなのか、インターネットなのか、雑誌なのか、それともパーソナルな個人情報なのか。接触する媒体、求める方向によって得られる情報内容、そして情報量も異なってくる。

情報の「探索：知覚過程」。製品の存在を含めて、製品の機能、品質、

※ルーメルハート著、御領謙訳『人間の情報処理―新しい認知心理学へのいざない―』サイエンス社、1979年、105、112ページ（David E. Rumelhart, *Human Information Processing*, John Wiley & Sons, 1977）。

※※人は、同じ「もの・こと」を与えられても、異なった理解や学習の仕方をする。このことを説明する理論として、学習に関するスキーマ理論（Schema Theory）がある。スキーマ理論では、ある「もの・こと」を理解するということは、学習者がもっている知識を使用して、それに関係する知識に働きかけ、まとまりのある解釈を構成する過程であるとする。そのことが学習（新しい知識の獲得）を生み出すとみなす。ここでいう「学習者のもっている知識」がスキーマである。人間は、未知のあるいは新しい「もの・こと」に遭遇し

204

価格などに関して、マス媒体あるいは非マス媒体から情報を求める。企業の広告もその探索対象である。情報が不十分な場合、記憶を探る内部探索と外部の情報を求める外部探索を行う。外部探索において、心理学の知覚概念が深く関係してくる。

　知覚（perception）とは、感覚器官（視覚、聴覚、嗅覚、味覚、触覚）を通じて、外的対象あるいは内的対象に関する情報を獲得し、その対象の属性や状態を知ることである。この場合、情報の知覚は対象から与えられる情報だけでなく、知覚者側の構え、期待、仮説、スキーマなどと呼ばれる過程によって強く規定される。同じ知覚対象であっても、知覚者の過去経験や要求によって、個人ごとに異なった知覚がなされる可能性がある。獲得した情報の保持に関しては、後述する認知と異なって、短期記憶の範囲内にとどまる。

　この知覚は個々の感覚器官による刺激の直接的、個別的受容の結果として起こる単なる感覚とは区別される。感覚とは個別の感覚器官を指す言葉で、個別の感覚器官により受容した刺激そのものだけに関わる作用である。一方、知覚は対象にたいして感覚器官を総動員して、受容した刺激が何なのかを判断する全体過程を意味する。

たときにそれをどのように処理するのであろうか。スキーマ理論によれば、その時に、未知の「もの・こと」を、単体で処理あるいは理解しようとするよりも、それに関連していると思われる過去の知識あるいは情報を引き出してきて、解釈を試みる。すなわち、それは既知の集合内部において、未知の「もの・こと」を相対的に比較検討することにより、それが何なのかを探ることになる。この場合、過去の知識の貯えであるスキーマが一種の「準拠基準」となり、その存在が理解と学習を早めることになる。

　インスタントラーメンを評価する場合、若い人と年輩の人と異なったスキーマでそれを行う。若い人は、インスタントラーメンのおいしい、あるいはまずいの判断において、「インスタントラーメン」という食べ物のスキーマで評価する。一方、年輩の人は、インスタントラーメンという食

情報の「統合：認知過程」。獲得した情報を解釈加工し、既存の知識の中（長期記憶）に組み込んでいく。認知（cognition）とは、入ってきた情報（刺激）にたいして、過去の経験や記憶と照合することによって、解釈と意味付けを行うことである。それは、取得情報を既存の知識や情報（長期記憶）の中の適切な場所にはめ込んだり、あるいは既存の情報構造を変えたりすることである。比較的、知覚が現在の情報刺激間の関係の認識であるのにたいし、認知は過去の刺激との関係の認識もその範囲に含まれてくる。この認知は事物の表面だけではなく、その事物に内包されている意味について判断や推理をめぐらし、情報を解釈し加工することがその機能に含まれている。認知された情報を知識という。

情報の「評価：態度過程」。これらの情報や知識をもとにして、消費者は、諸製品にたいして好きとか嫌いとか、あるいは良いとか良くないとかの判断を下し、態度や選好を発達させる。態度（attitude）とは、一定対象について一貫して好意的あるいは非好意的な仕方で反応するように学習された先有傾向である。あれは好き嫌い、これは良い悪いというような過去の経験による先見的、偏見的な判断が態度である。このような態度を形成することによって、似たような状況（似たような製品選択）において、個

べ物を「本物のラーメン」のスキーマで評価する。インスタントラーメンの味が、本物のラーメンの味に近ければ近いほど、そのインスタントラーメンがおいしいと評価する。その判断基準は、「本物のラーメン」である。若い人の判断基準は、インスタントラーメン全体である。本物のラーメンとは異なった新しい食べ物のジャンル「インスタントラーメン」がある。インスタントラーメン全体の中で、当該インスタントラーメンがおいしいかどうかを判断する。それが、若い人にとってのスキーマなのである。

参考文献：波多野誼余夫編『認知心理学講座　4 学習と発達』東京大学出版会、1982年、27〜40ページ。

206

人は繰り返しの試行錯誤を何度もしないで済み、その動機あるいは欲求を効率的に満たすことがある程度可能となる。

ときとして、選好的態度という形式で態度の前に選好という単語が付いた言葉が使われることがある。それは次のような意味をもっている。既知の選択範囲内において、それと代替可能と思われる製品にたいして好きな程度の順序をつけることを選好的態度の形成という。そして状況が変わらなければ、その順序に従い、製品を購入するであろうということをそれは意味している。

（3）-2　記憶（と探索）

(1) 記　憶

ここでは、情報収集処理を側面あるいは背後から支える記憶に関して記述する。記憶（memory）とは、過去の経験・知識を貯蔵あるいは保持し、何らかの形で再びそれを取り出して再現する機能をいう。この意味からそこに保持されている内容自体を対象化して記憶と呼ぶこともある。記憶は、感覚記憶または感覚貯蔵記憶（sensory information storage）、短期記憶（short-term memory）、そして長期記憶（long-term memory）の3つに分

207　第8章　消費者行動

類把握できる。※

感覚記憶は入力情報が注意を受けるか否かにかかわらず、各感覚器官にごく短時間（約1秒内外）とどまっていると仮定されたもので、貯蔵の容量は大きく、各感覚器官それぞれに特有な記憶であるとされる。そこではいかなる解釈も符合化も行われないで、その情報は1秒以内で減衰してしまうか、新たな情報の入力によって置き換えられてしまう。

短期記憶は、現時点での経験の意識内容を直接的な印象としてごく短時間保持するものである。短期記憶は、感覚記憶よりも表層的ではなく多層的で洗練された情報を保持し、次にもっと大きな全体の中に組織化され、長期記憶構造の中に蓄積されることになる。大脳生理学的には、短期記憶は神経細胞の活動による痕跡である。したがって記憶の保持に関しては、短期記憶活性として維持する試み（すなわちリハーサル）を常に行わなければならない。積極的に注意を向けていないと短期記憶活性はすぐに弱まってゆき、再生できなくなってしまう。

長期記憶は、大脳生理学的には、何らかの神経組織の構造的変化による痕跡である。人間の長期記憶は、非常に高度に構造化されたシステムである。長期記憶に入った情報はもはや失われることはなく、保持されている

※記憶の構造あるいは機能に関する説明は、現在なお定まってなく流動的であるが、現在最も多く用いられている方法が、ここで記述したシフリンとアトキンソン（R.M.Shiffrin and R.C. Atkinson）の記憶の2重貯蔵モデルである。R.M.Shiffrin and R.C. Atkinson, "Storage and retrieval processes in long-term memory," *Psychological Review*, 1969, vol. 76, pp. 179-193.

208

と考えられている。情報の保存自体に関しては問題ない。そして、その貯蔵容量の限界も現在のところ存在しないとされている。問題になるのは一度保存された情報の検索である。検索の可能性が保証されるためには、情報は何らかの体系的な図式にしたがって注意深く保存される必要がある。この組織化が注意深くなされていればいるほど、検索に成功するチャンスが増える。

(2) 探　索

意思決定に直面したとき、消費者はどの程度情報を集めようとするのか。情報を探し求める行為を探索といい、それは内部探索と外部探索に分けられる。内部探索は記憶に情報を求めることであり、外部探索は生活体の外部にあるものに情報を求めることである。通常は、内部情報で不十分のとき外部情報を求める。

内部探索は、蓄えられている情報の量と質、そしてそれら情報間のコンフリクトに依存して、探索の程度が決まってくるといわれる。蓄えられている情報の量が多く、そしてそれらの情報が当該の意思決定に関わっていればいるほど、あるいはそれら関係する情報間にコンフリクトがあればあるほど、消費者の内部探索の程度は高くなる。

外部探索の程度は、いくつかの要因によって影響されることが指摘されている。しかしここではその中で、コストとベネフィット要因に関して説明を限定する。これに関しては、次のような仮説が提示されている。「外部探索から得られる期待ベネフィットが探索コストよりも大きいと思われる場合は、外部探索が行われる」。ここでベネフィットとは、より良い選択の可能性、あるいは選択に関わる代替案を十分比較したという心理的充足感の獲得を意味する。コストはカネの投入だけでなく、時間や努力の投入をも意味し、それら全体の投入程度を意味する。

たとえば、ペットボトル飲料の選択においては、外部探索はあまり行われず意思決定が早い、それに比較してデジタルカメラの選択においては、多くの外部探索が行われ、意思決定に時間がかかる。これらの行動は次のように説明できる。ペットボトル飲料に関しては、消費者は内部情報としてそれに類する情報をすでに多くもっている。したがって、新たな外部情報の探索はそれほど必要とされない。デジタルカメラの場合は、過去の購買経験がない、あるいは少ない、そして購買経験があったとしても、通常は数年間の購買間隔があるので、技術進歩により前回購買したときに比べて製品は変化している。したがって、それに関する情報が少ない。消費者

210

は、必要にかられて外部探索を行う。

一方、情報取得に関して、ペットボトル飲料の場合、直接情報として製品自体を購入し、飲むことによって情報を得た方が探索コストは安上がりで手っとり早い。外部の情報を探索するというよりも、直接、製品自体から自分の経験として情報を得る。デジタルカメラの場合、ペットボトルのときのように、外部の情報探索手段としてデジタルカメラを購入するわけには行かない。デジタルカメラを購入する価格コストは、通常に情報を探索するコストよりもはるかに大きい。この場合、消費者は、友人に意見を聞いたり、それに関するパンフレットをもらいに行ったり、特集記事の載っている雑誌を買ったりという外部情報探索を一所懸命行う。そういうことを行っても、選択の失敗を考えると、割が合うのである。

(4) 行　動

(4)-1　購　買

消費者行動の基本は、市場に存在する製品の購買・非購買である。買うという意思決定・買わないという意思決定、両者とも、図表8-5の行動の中に含まれる概念である。買うという行動、買わないという行動、買うという意思決定・買わないという意思決定

図表8－5　購買行動に関わる選択

```
モノの選択：製品クラス，製品形態，ブランド
時間の選択：いつ買うか
空間の選択：買い物地域，小売施設
数量の選択：いくつ，あるいはどれぐらい
方法の選択：現金支払，クレジットカード，
　　　　　　 1回払い，複数回払い
```

　も購買行動と呼ぶ。製品を買うという意思決定、買った事実は、当然表に現れる顕在的購買行動であるが、一方、製品を買わないという意思決定、買わない事実は表に現れない行動であるが、それも購買行動の一部として購買行動の中に含めて考える。企業としては、この買う買わないの購買行動において、買うという購買事実をいかにして増大するかということが基本的な課題となる。

　購買行動は、モノ、時間、空間、数量、方法の選択の決定である（図表8－5）。モノは、製品クラス、製品形態、ブランドの選択である。時間は、選択した製品をいつ買うかという問題である。空間は、選択した製品をどこで買うかという問題であり、買い物地域と小売施設の決定である。数量は、選択した製品をいくつ、あるいはどれぐらい購買するのかという問題である。方法は、選択した製品をどうやって買うのかという問題であり、

現金支払いか、クレジットカードか、そしてカード支払いの場合1回払いか、複数回払いか、あるいは支払額を均等に支払うリボルビング払いかを決定することである。

（4）－2　認知的不協和

消費者が、製品を買うにしろ買わないにしろ、何らかの意思決定をした後は、必ず心のどこかに引っかかるもの（間違った買い物をしたのではないか、他のものの方が良かったのではないか、というようなこと）を感じる。そのような感じ、気持ちを心理学の術語で認知的不協和（cognitive dissonance）という。そして、個人は必ずその不協和をなくそうと何らかの行動をとる。この行動を認知的不協和低減行動という。※ たとえば、ある人が洋服を購入した場合、自身の気持ちを再確認し納得させようと、友人知人にその選択を誉めてもらおうとしたり（「その服、素敵ね」、「似合ってるね」……と）、その決定に関わる広告や雑誌記事を以前より注意深く、より頻繁に見たり読んだりする行動がそれである。この行為を説明するものが認知的不協和低減理論である。

この不協和の大きさは、下記の条件であるほど、大きくなるとされる。

※ 末永俊郎監訳『認知的不協和の理論』誠信書房、1965年、9～48ページ（Leon Festinger, A Theory of Cognitive Dissonance, Row, Peterson & Company, 1957)。

L. フェスティンガー（Leon Festinger　1919年～1989年）
写真出所：http://www.psychology.uiowa.edu/faculty/ より。

213　第8章　消費者行動

① 決定の重要性が大である。
② 選ばれた選択肢にたいする選ばれなかった選択肢の相対的魅力が高い。
③ それぞれの選択肢に含まれる認知要素間の重複が小さいほど（選択肢間の質的差異が大きいほど）。

①に関しては、洋服の選択はペットボトルの選択よりも意思決定後の不協和は大きいであろう。②に関しては、選択肢がいくつかある中に1つだけ突出して魅力的なものがある場合は、その選択による不協和は小さいであろう。③に関しては、2種類の洋服から1つを選択する状況よりも、洋服とフランス料理のディナーコースのうちどちらかを選択する状況の方が、不協和は大きいであろう。

一般に不協和を低減する方法として、次の3つが指摘されている。

① なした意思決定を取り消す。
② 選択肢あるいは非選択肢にたいする認知を変える。
③ 認知的重複を確立する。

（その他に、④決定の重要性を低めるという方法も指摘されることもある）

①に関しては、購買をやめる（返却する）、あるいは選ばれなかった選択肢を買いなおす。②に関しては、その意思決定を強化するような情報を探索する、不協和を引き起こす情報を回避する、情報を歪曲する。③に関しては、決定の選択肢に含まれる認知要素の間に類似性（共通性）を求めるというものである。洋服を買うかフランス料理のディナーコースにいくかという選択において、洋服を選択したとする。その場合、その購入した洋服でフランス料理のランチコースに行くことによって、選択しなかった選択肢の内容の一部を達成できる。すなわち、選ばれなかった選択肢に含まれる好ましい要素を、選ばれた選択肢の中に見つけるとか、あるいは創り出すことによって認知的重複を得ることができる。

（4）−3　使用・消費

使用・消費行動は、購買した製品の実際の使用・消費行動において、その意思決定を評価・強化・修正する過程である。購買により手に入れた製品を、自身の状況において使用・消費する。この使用・消費行動は、本来の欲求充足以外に、次の2つの機能をもっている。記憶に貯えられている消費者の経験集合を増やす機能、そして消費者の製品選択がうまくいった

図表8-6 比較プロセスとしての満足

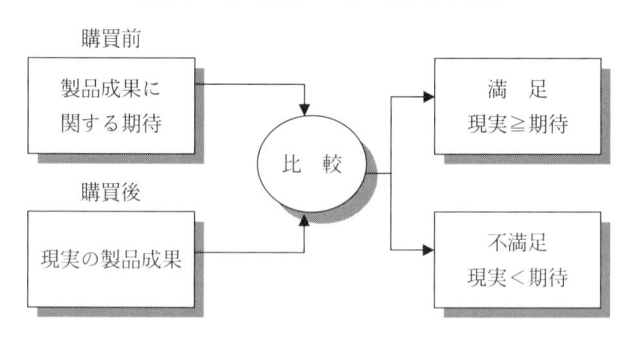

```
購買前
┌─────────────┐
│ 製品成果に   │──┐         ┌─────────────┐
│ 関する期待   │  │         │  満 足       │
└─────────────┘  │  ╭───╮  │  現実≧期待   │
                 ├─▶│比較│─▶└─────────────┘
購買後           │  ╰───╯  ┌─────────────┐
┌─────────────┐  │         │  不満足      │
│ 現実の製品成果│─┘         │  現実＜期待  │
└─────────────┘            └─────────────┘
```

かどうかをチェックする機能である。これらの経験が次回の意思決定プロセスに活かされる。

(4)－4　満足・不満足

消費者の満足・不満足は、製品の使用・消費による認知的かつ情緒的評価である。この満足・不満足は、購買前の製品成果にたいする期待と購買後実際に使用・消費した結果（成果）を比較することによって得られる※（図表8-6）。ここで、期待とは製品の使用・消費結果にたいする製品成果の予測である、成果とは、実際の使用・消費において、製品が果たす欲求充足の程度である。

製品成果にたいする期待と現実の製品成果を比較し、現実の成果が期待と同じかあるいはそれよりも大であるならば満足を感

※William L. Wilkie, *Consumer Behavior*, 2nd edition, John Wiley & Sons, 1990, p. 623.

216

じ、そうではなく現実の成果が期待よりも小さければ、不満足を感じることになる。満足した場合、次回の購買につながる。そうでないならば、なした意思決定を変更し、他の製品に目を向けることが行われる。

たとえば帽子の購入において、製品成果にたいする期待「みんな素敵と言ってくれるかなー」と現実の製品成果（他人の言葉）を比較する。現実の成果が期待と同じかあるいはそれよりも大「その帽子素敵ね、チョーかわいいよー」であるならば満足を感じ、そうではなく現実の成果が期待よりも小さければ「その帽子あまりぱっとしないわね、少し年寄りっぽいんじゃない」などと言われれば、不満足を感じることになる。

3. 消費者特性要因

消費者の個人的な違いを消費者特性要因として以下記述する。

（1）人口統計的変数

（1）—1　性　別

男女の性別差は、先天的・生物学的なもの、後天的・社会的なものがあ

り、性別による消費者行動の違いは、それらを反映したものとなる。先天的・生物学的なものにはそれほど変化はないが、後天的・社会的なものにもとづく消費者行動は変化しつつある。

製品の選択に関して、従来から衣服、靴、化粧品、アクセサリー、雑誌、自動車、酒、タバコなどは男性と女性の後天的・社会的な性別差を多く反映してきた。この性別差にもとづく製品選択は、同化と差別化の2つの方向がある。

・同　化：男性と女性が同じような選択を行うこと。
・差別化：男性と女性が異なった選択を行うこと。

近年ではある種の同化が進み、いくつかの製品分野では男性と女性の区別がなくなりつつある。女性が男性と同じような形の衣服を身に着けたり（ジャケット、ズボンの着用）、女性がアルコールやタバコをたしなんだりすることなどである。

また現代は働く女性の増加、製品種類の増加、製品を見る目の確かさの増大により、同化の中における差別化が進行している。後天的・社会的根拠にもとづく女性の消費者行動が変わりつつあると言えるのかもしれない。

218

たとえば、男性的な形式をもった中で、女性的なものをもたせた製品が女性に好まれているものとして下記のことが挙げられる。

- ジーンズ…女性のためのレディスジーンズの出現
- タバコ…スリム・タバコ、タール・ニコチン数の少ないタバコの出現
- 栄養ドリンク…ファイブミニなど女性向けのドリンクの出現
- 自動車…普通車より小さめで丸みを帯びた形の車の出現

逆の傾向として、男性用の化粧品、男性の美容院の利用、男性用エステなども微妙に見られるようになった。

（1）―2　年　齢

年齢の変化とともに、生物学的変化と購買する製品品目の変化がおこる。たとえば医療・健康分野では、高年齢になるほど医療サービス、特殊ベッド、補聴器、老眼鏡などの需要が高くなる。食事の品目では、高年齢になるほど油っこいものから淡白なものへ、アルコールでは、ビールからウィスキーや日本酒へというような変化がある。衣料やレジャーでも品目や種目は年齢差が反映する。高年齢になると活動的なものから安定的なものへ

219　第8章　消費者行動

という変化である。

年齢が消費者行動を説明するために役立つというのは、測定あるいは知ることが困難な他の変数、たとえば、生物学的変化（老齢化）、家族ライフサイクル、所得、社会的地位などを聞かなくても年齢から推測できるからである。

（例）
・生物学的変化である誕生、成長、成熟、老い、死という必然的過程を知ることができる。
・個人的家族ライフサイクルの位置をある程度推測できる。
・所得が通常50代前半のピークに達するまで上昇し、その後下降することがわかる。

（1）-3　家族ライフサイクル

個人は生まれてから死ぬまでに、いくつかの異なった家族状態の段階を経験する。個人の消費者行動は、家族ライフサイクルの各段階の特徴に多分に影響される。

220

① 幼年時代と青年期　親からのお小遣いやアルバイトの収入など限られた範囲での購買。本・雑誌、交際費など。
② 所得のある独身時代　収入は自分のためだけに使える。趣味、デート、被服費など。
③ 新婚時代　子供無く共働き。耐久消費財、日用品、日常食材など。
④ 子供のいる家族　子供の養育費、教育費に多くを出費。
⑤ 老人夫婦　子供も自立し、好きなことをして暮らす。趣味、旅行、医療費など。

すべての人が例で挙げたようなライフサイクル段階を経過するとは限らないが、ある人の現在いるライフサイクル段階がわかるならば、その人が行うであろう購買のタイプ、購買品目は大体予測できる。

（1）－4　職　業

いくつかの製品分野に関しては、職業（occupation）の違いが、直接的に購買品目の違いをもたらす。一般に、自営業者や生産現場の人は、作業

衣や普段着系統の支出が多い。事務系の会社員は、スーツ、パソコン等の情報機器に多く支出する。

しかし、職業による消費者行動の違いを指摘するときには、いくつかの変数が背後に隠れており、影響を与えているということに注意しなければならない。たとえば、職業決定の要因である性格、価値観、学歴が消費者行動の背景に隠れている。また、職業決定後の要因として、職業の違いにより、所得の違い、自由に使える時間の違いが生じる。職業はこれら個人の性格、価値観、学歴の複合的な結果であり、それらを代替的に統合した代理変数ともとらえることができる。また、逆に選択した職業の結果として個人の所得や自由になる時間を決定しており、それらの代理変数とも言えるのである。

（2）所　得

消費者が製品を買うのは、その製品から得られる欲求の充足を獲得するためである。しかし、製品は製造あるいは流通のためのコストがかかっており、それ相応の価格が付いている。したがって、製品を手に入れるためには、価格に応じたお金が必要である。その意味において、所得は製品を

購買するという目的達成のための手段であり、あるときは制約となる。一般に所得水準が高いほど、消費者が購買、使用・消費する製品、サービス、アイディアの種類と消費量は多い。

所得は、買う能力に直接関係し、通常、消費者は無限に所得をもっていないので、それは製品を手に入れるための所得制約として働く。しかし、所得が所得制約として機能するとき、下記に示す3つの理由により、以前ほど固定的でないと考えられる。①努力による所得増加機会の増大（現在の所得）、②ストックの利用（過去の所得）、③クレジットの利用（未来の所得）の3つである。

①努力による所得増加機会の増大においては、家計にとって所得は与えられたものではなく、高い消費目的の達成を目指すなら、努力によって所得を増加させることが可能であるということを意味している。その方法は、夫の他に妻や子供が働きに出る、家計の主たる者が労働時間を増やす、他の収入源を得るなどがある。現在、何かを購入しようとする意図が非常に強ければ、収入を増やすことが行われうる可能性が大になっている。

223　第8章　消費者行動

② ストックの利用とは、純粋なフロー概念による所得以外で、現時点で所得に変換可能な財を利用することを意味する。すなわち、手持ち現金以外にも、過去の所得の蓄えである実物資産、金融資産などのストックを現金化することにより、それを消費支出に充てることが可能である。現在の所得制約を過去の所得により緩めるのである。実物資産とは、土地、建物のような不動産、自動車、家電製品のような耐久消費財などである。金融資産とは、貯蓄資金、債権、株式証券などである。さらに最近では、洋服、かばん、本、ゲーム・ソフト、CD・DVDなどのような低額なものの換金の場も多くなっている。

③ クレジットの利用は、未来の所得により現在の所得制約を緩めることである。それは、今は手元にはないお金を、未来から借りてきて現在の購買に充て、そしてその支払いを未来に委ねるのである。直截的に言うと借金であり、将来の資産であるクレジット・カードを利用することである。しかし、その金額数値は過去の蓄えに限りがあるように、未来の蓄えにも限りがあり、個人の借金の能力、あるいは返済能力に依存する。

224

(3) パーソナリティ

(3)—1　個人的価値観

価値観（value consciousness or orientation）は、人の行動の基準として機能する。価値観に関するロキーチ（M. Rokeach）の定義は、下記に示すとおりである。

『価値観とは、行動あるいは存在の最終状態にたいするある特定の方法が、他の極にあるそれに比較して、個人的にあるいは社会的に好ましいと考える、継続する信念である。価値体系とは、行動あるいは存在の最終状態に対してもつ連続的で相対的な、選好の信念体系である』※

この定義を日常的に表現すると、個人が、ある程度恒常的に、良かれと思っていること、正しいと思っていること、こうありたいと思っていること、その集合体が価値観である。消費者行動における価値観と消費者行動の関係に関する実証研究では、価値観と製品の選択基準は強く関係していることが一般に認められる。しかし、価値観と顕在的な消費者行動の関係に関しては、直接的な関係があまり認められない。価値観と購買行動の間に、「態度」、「選好」、「購買意図」などの媒介変数を入れる必要がある。

※Milton Rokeach, *The Nature of Human Values*, The Free Press, 1973, p. 5.

価値観という抽象的・一般的測度は、そのままでは、より具体的・個別的な購買行動を直接に説明することはできない。

(3)—2 パーソナリティ（人格）

パーソナリティ（personality）の定義は、オルポートによれば次のようになる※。『パーソナリティとは、個人の中にあって、その人の特有な行動と思考を決定するところの、精神身体的体系の動的組織である』また、パーソナリティ構造の基本単位を特性（trait）といい、この違いが行動の違いの原点となる。価値観とパーソナリティの違いは、そこに良し悪しのような判断基準が存在しないことである。パーソナリティ特性と消費者行動の関係例を示すと、下記のようなことが挙げられる。

情報収集処理に関して‥外向的あるいは内向的あるいは受動的な人よりも多くの情報を探し求める。外向的な人はより多くショッピングをし、比較対照をしたり、友人にアドバイスを求めたりする。まじめな性格の人は意思決定においてより注意深く、より多くの代替案を検討する。

購買に関して‥保守的な人は用心深い解決策（ごく普通の自動車、地味な

※オルポート著、今田恵訳『人格心理学』（上下）、誠信書房、1968年、34ページ（G.W.Allport, Pattern and Growth in Personality, New York : Holt, Rinehart & Winston, 1961）。

服装など)を求める。情動的でない人は、本当のニーズあるいは緊急性が生じるまで購買を延期する。

(3)―3 ライフスタイル:複数の製品の購買・使用・消費事実

ライフスタイルを先の価値観との関係でとらえると、次のように記述できる。ライフスタイル (lifestyle) とは、個人の価値観(価値意識)にもとづく目標追求の過程と事実結果であり、ある程度一貫した個人に固有な生活の仕方を示すものである。個人の具体的な生活を出現させ、方向付け、統合するもの、またそれにより生活場面に生じた具体的な生活のことである。

最近、よく使われるライフスタイルの表現として、スローライフ、エコ、節約、ロハス (Lifestyle of Health And Sustainability:環境と人間の健康を最優先し、持続可能な社会に配慮したライフスタイル) などがある。健康や癒し、環境やエコに関連した製品やサービスを積極的に購入しようとする消費者が増えてきた。省エネ製品、代替エネルギー製品、自然食品、サプリメント、リフォーム、環境配慮住宅、家庭用品、エコツーリズムなどが、それらライフスタイルをもった消費者の選択対象である。企業としての戦略的ターゲット・セグメントとなりうるであろう。このように個人をライフス

タイルという全体的枠組みの中でとらえることにより、個人の個々の消費者行動を説明、予測できると考えるのである。

現実には、個人がその目標や欲求を追求する場合、それは単品による個々の製品の効果というよりも、複数個の製品の組合せの効果を求める形で実行される。すなわち、意識するしないにかかわらず消費者はその生活空間において、複数の製品がシステムとして機能するように諸製品を買い求め、組み合わせるのである。また、それは瞬間的な効用極大化を求めるものではなく、時間的に継続した生活空間において繰り広げられる逐次的な過程とその結果である。このようなプロセスとその結果が消費者のライフスタイルとして顕在化する。したがって、企業は、自身の提供している製品が、消費者のライフスタイルの中で、どのような位置を占めているのか、どの位置を目指しているのかを明確にする必要がある。

4. 消費者行動の外的影響集団

　消費者行動に影響を与える外的影響集団として、準拠集団、社会階層と消費階層、そして誇示的消費と受容的消費の概念について、本節では記述

- 所属的集団 ── 自分自身が現在所属している集団(家族, 友人, 会社仲間など)
- 非所属的集団 ─┬─ 自分自身が過去に所属していた集団
　　　　　　　　├─ 自分自身が所属したいと憧れている集団（希求的集団）
　　　　　　　　└─ 自分自身が忌み嫌っている集団（忌避的集団）

(1) 準拠集団

準拠集団（reference group）とは、個人の態度や行動に影響を与えるすべての集団あるいは個人であると定義される。準拠集団は、個人が所属している・していないという意味において、所属的集団と非所属的集団に分けることができる。

個人に対する準拠集団の影響機能は、規範的機能と比較基準機能の2つがある。規範的機能は、個人に対して行動基準（枠組）を設定し維持する機能であり、個人の要求種類に影響を与える機能である。それは、個人にたいして、どんな種類の行動を取ったらよいのか、何を求めたらよいのかという判断基準となり、準拠集団において望まれる行動を前提として、個人の行動にたいする要求種類が決まってくるのである。

229　第8章　消費者行動

比較基準機能は、個人がその行動を評価する場合の比較の規準となるものである。個人は、自分の行動を、自身以外の他人と比較することによって、はじめて自身の行動の成果が評価できる。この比較の対象が特定の準拠集団であり、それとの比較において、個人の要求水準である満足・不満足が変化する。

新人サラリーマンが、会社に着て行く洋服の選択において、何を買ったらよいのか。セーター？ ジャンパー？ 和服？ ジーンズ？ つなぎの作業着？ この場合、自分が所属する会社のサラリーマン集団である。それに従うならば、おそらくジーンズでもなく和服でもなく、スーツを購入するであろう。ここにおいて、サラリーマン準拠集団は、規範的機能を果たすことによって行動の枠組みを与え、要求種類（スーツの購入）を規定する。

洋服の選択においてスーツを購入することが決まったならば、次に、どの程度（価格）のスーツを買ったらいいのか。完全オーダーメイドの高級スーツか？ セミオーダーのスーツか？ 洋服の〇山の吊るしのスーツか？ ディスカウントショップの破格値スーツか？ 新入社員であること、まだ給料をもらっていないこと、そして特に上司の眼を意識して、洋服の〇山

の吊るしのスーツを購入することにした。ここにおいて、サラリーマン準拠集団は、個人にとっての比較基準機能を果たし、その要求水準を超高級でもなく、破格値でもない、中程度な吊るしのスーツのレベルへ購入を導いた、影響を与えたといえる。

（2）社会階層と消費階層

社会階層（social stratification）は、職業、所得、所得の源泉、学歴（教育）、居住地域、住まいのタイプなどのいくつかの指標にもとづき、総合的に上層から下層までに人々を分類したものである。社会階層の違いの中には、上記の職業、所得、学歴などの違いが反映されているので、いくつかの行動部分においてこれらの変数と重複的である。したがって、この社会階層から生じる行動は、それらの変数の合成結果として解釈できる。社会階層が異なれば、受け入れられる製品の種類とその受容の仕方がそれぞれ異なってくる。

ここで本書において、従来にない概念、すなわち消費階層という概念を提案する。消費階層（consumptive stratification）とは、個人が自身の得

意とする分野や好きなことにたいして投入することができる資源（お金、労力・時間、知識）の程度を基準にして、消費者を上層から下層までに分類するものである。それは、個人の趣味・嗜好などに関して、特定の分野への特殊化・専門化を考慮することである。すべてにわたってではないが、ある特定の製品分野においては、他人に比較して、多くの資金を使っている、それに関して労力・時間を投下している、そして多くの豊富な知識をもっている、精通しているということがありうる。このような人は、消費階層上、上の方に位置するというのである。個人のもっている所得ではなく、消費によって個人を分類するものである。

個人を、消費階層という概念で把握し、その消費者行動を説明しようというのが、この概念の意図である。個人が本当に力を入れているいくつかの製品分野に関しては、所得を超越して多くの支出、労力・時間、知識を費やすことが行われる。一点豪華主義、こだわりの趣味、こだわりの生活などにその端緒が見られる。コンピュータにやたら詳しい人、流行やファッションに敏感な人、音楽にはまっている人、自動車に必要以上にお金をかけている人などがいる。所得階層、社会階層では把握できない消費者行動を、そこに見ることができるのである。

(3) 誇示的消費と受容的消費

誇示的消費※（conspicious consumption）とは、自身の成功と優越を人に見せるための消費である。それは、大きな所得の獲得と蓄積が、成功と優越さの証明になり、それが個人の名声と尊敬につながるであろうという論理である。

成功の結果としての財産の蓄積、その蓄積は外から見えない。成功と優越を示すためにその蓄積を他の人たちから見えるようにしなければならない。他人がそれを見ることによって、初めてその効果を発揮することができる。したがって、意図する効果を得るためには、その蓄積の程度あるいは壮大さを外から人に見えるようにする必要がある。その方法の1つが、誇示的消費すなわち外から人に見せるための消費である。

受容的消費（acceptable consumption）は、優越ではなく、同等であることを示すための消費である。すなわち、自身が所属したい、あるいはそういうふうになりたいと考えている集団に個人が適合している、条件に合っていることを示すための消費である。集団から受容してもらうための消費という意味である。

※ヴェブレン（T. Veblen）は、その訳書『有閑階級の理論』において、「優越と名声、あるいは尊敬」を示すための消費という意味で、「衒示（げんじ）的消費」と訳されている。
T・ヴェブレン著、小原敬士訳『有閑階級の理論』岩波書店、1961年、33～37ページ。

誇示的消費と受容的消費の関係は、以下のように説明できる。もともと人間は1人では生きてゆけない。順序としては、まず最初に他人に受け入れてもらうために受容的消費が行われる。そして、ある集団に受け入れてもらった後に、その集団の中において誇示的消費が行われる。ただし、その誇示的消費が過度に過ぎると集団からはじき出されてしまう。はじき出されない範囲内で、優越性を示すための誇示的消費を行う必要がある。受容的消費の中でのみ誇示的消費は存在できる。誇示的消費単体では存在できない。

このようなことが、社会のあらゆる分野、レベルにおいて行われている。この受容的消費の概念は、誇示的消費に比較して言葉のインパクトが弱いが、消費者自身にとっても、あるいは説明力という点に関しても、誇示的消費よりもその重要性は大きいものである。※

※小川純生『消費者と所得——消費階層の出現——』税務経理協会、1997年、70〜76ページ。

あとがき

本書を締めくくるにあたって、2つの言葉を蛇足ながら述べたいと思う。「価格競争をいかに避けるか！」、「企業と消費者の友人関係」という言葉である。

マーケティングという発想、活動は、いかに価格競争をしないで、他の競合企業に打ち勝つことができるかということを目指すものである。価格競争は、基本的にはしてはならない方法である。価格競争を避けるために、企業差別化を行い、製品差別化を行い、それを訴える広告等のプロモーションを行うのである。価格競争は、最悪な手段である。それは、競争企業間の低価格競争という足の引っ張り合いという泥沼状況をもたらすだけである。そうならないために、知恵を絞り、価格競争以外のマーケティング戦略、戦術を練り、権謀術策策を尽くすのである。それが企業努力であり、まさに企業がしなければならないことである。安易な価格競争は、企業の市場に対する思考、行動の手抜きである。それは、また消費者を単なる価格合理性だけをもった単純な対象とみなすものであり、消費者にたいする侮辱である。消費者は、感性をもった、もっと幅広い素敵な存在のはずである。

謝　辞

　本書の完成には、東洋大学経営学部2008年度の私のセミナー学生のお手伝いを頂きました。下記に示します学生にたいして、ここに感謝の意を表したいと思います。山田綾、佐藤友美、川端さおり、西村愛、椎名仁美、松浦理沙、和田拓也（順不同敬称略）のみなさん、どうもありがとうございました。
　そして、創成社の編集担当者の西田徹さん、社長の塚田尚寛さんに、上梓にたいする大きな感謝の意を表したいと思います。

物流……………………137
ブランド………………102
　　──・ネーム……103
　　──・ロイヤルティ…105
プル戦略………………149
プロモーション……64, 156
　　──・ミックス……157
閉鎖的なチャネル戦略……148
変動費…………………114
補助機能………………137
ボストン・コンサルティング・グループ………………91
ポーター…………………56
ポートフォリオ分析……91
ポートフォリオ・マトリックス…94

〈マ〉

マクネア………………152
負け犬……………………96
マーケット・セグメンテーション…52
マーケット・セグメント………52
マーケティング概念……2
マーケティングの定義…7
マーケティング範囲……10
マーケティング・ミックス……13, 62
マーケティング目標………13, 49

マズロー………………201
マッカーシー……………62
マッシュルーム・セオリー………38
満足・不満足…………216
ミドル・マネジメント……22
モノ………………………25
最寄品…………………142
問題児……………………95

〈ヤ〉

欲求……………………200
　　──5段階説………201
　　──の種類…………201
4 P………………………62

〈ラ〉

ライフスタイル………227
利潤………………………8
リーダー…………………55
流通チャネル………63, 134
　　──の機能…………136
　　──の経済的効果…138
露出……………………167
ロハス…………………227
ロワー・マネジメント……22
ロングテール……………78

索　引　v

───ミックス	76
───ライフサイクル	81
───ライン	76
性別	217
生理的欲求	201
世帯消費者	194
戦術	66
専門品	143
戦略	66
───的情報システムSIS	30
組織とは	18
損益分岐点	114

〈タ〉

態度	206
多角化（コングロマリット）	51
ターゲット・セグメント	53
他己実現	203
短期記憶	207
探索	209
知覚	205
チャレンジャー	56
注意	204
中価格戦略	125
中間業者	138
長期記憶	207
直接販売	144
地理的変数	52
低価格戦略	126
動因	200
動機	200

───づけ	199
独占競争	41
トップ・マネジメント	21
ドラッカー	9

〈ナ〉

2重価格	129
ニッチャー	56
ニールセン	151
認知	206
認知的不協和	213
───低減行動	213
年齢	219

〈ハ〉

媒体ミックス	167
端数価格	129
パーソナリティ	226
花形製品	96
バナー広告	163
パブリシティ活動	181
パブリック・リレーションズ	182
販売促進価格	129
販売促進活動	174
非営利組織	18
人	20
評価の指標	109
フォロワー	56
不完全競争	41
プッシュ戦略	148
物的流通機能	136

検索連動型広告……………163
高価格戦略……………………126
効果的 …………………………48
交換（需給結合）機能…………136
好機 ……………………………42
広告………………………………162
広告効果………………………171
　　―――の階層モデル…………172
　　―――モデル…………………171
広告コミュニケーション目標……165
広告媒体……………………163, 170
広告目標…………………………164
購買の対価………………………109
小売業態…………………………150
効率的 …………………………48
小売の輪の理論…………………152
顧客………………………………194
国内総生産………………………44
誇示的消費………………………233
コスト志向………………………114
固定費……………………………114
コトラー…………………………64
コープランド……………………141

〈サ〉

最終消費者………………………194
採用者カテゴリー………………89
産業消費者………………………194
参入障壁…………………………121
刺激（情報）……………………198
自己実現の欲求…………………201

市場浸透価格……………………126
市場調査…………………………184
実用研究…………………………38
シナジー効果……………………65
社会階層…………………………231
社会経済的変数…………………52
需要志向…………………………116
受容的消費………………………233
需要の価格弾力性………………110
準拠集団…………………………229
承認の欲求………………………201
消費階層…………………………231
消費者 ………………………15, 194
　　―――行動…………………195, 196
情報 ……………………………30
商流………………………………136
職業………………………………221
所属と愛の欲求…………………201
所得………………………………222
　　―――制約…………………223
真空地帯論………………………151
人口統計的変数………………52, 217
深層面接…………………………187
人的販売活動……………………176
心理的変数………………………52
数量割引…………………………128
スキーマ理論……………………204
ストックの利用…………………224
製品…………………………62, 70
　　―――アイテム……………76
　　―――差別化………………74

索　引　iii

——differentiation ……………74	——決定……………………113
——Life Cycle ……………81	——戦術……………………127
Promotion ………………64, 156	——戦略……………………124
pull ………………………………149	家族ライフサイクル………………220
push ………………………………148	価値観……………………………225
reference group …………………229	カネ（資金）………………………27
sales promotion ………………174	金の成る木…………………………96
Schema Theory …………………204	感覚記憶…………………………207
sensory information storage …207	完全競争……………………………41
short-term memory ……………207	記憶………………………………207
social stratification ……………231	機会費用……………………………29
Strategic Information System …30	企業家精神…………………………21
Strategy ……………………………66	企業組織………………………10, 18
SWOT 分析 ………………12, 34	企業の資源…………………………11
Tactics ……………………………66	企業の使命…………………………19
threat ……………………………42	基礎研究……………………………38
	機能割引…………………………128
〈ア〉	脅威…………………………………42
アドワーズ広告…………………163	業種………………………………150
安全の欲求………………………201	競争志向…………………………117
アンゾフ………………………42, 49	競争戦略……………………………56
意思決定プロセス………………198	競争地位……………………………54
イノベーション……………………89	——別戦略…………………………58
上澄み吸収価格…………………126	業態………………………………150
営利組織……………………………18	クライアント……………………194
応用研究……………………………38	グループ・インタビュー………188
	クレジットの利用………………224
〈カ〉	経営資源……………………………20
開放的なチャネル戦略…………147	経営目標………………………12, 47
買回品……………………………142	研究開発（R&D）………………37
価格…………………………63, 108	現金割引…………………………128

索　引

〈A－Z〉

acceptable consumption ········233
advertising ····················162
AIDA モデル··················171
AIDMA モデル················171
Ansoff, H. I.················42, 49
attention ·····················204
attitude ·······················206
barriers to entry ·············121
brand ·························102
　　──loyalty ··············105
Break-even point ·············114
CI（コーポレイト・アイデンティティ）····················11, 19
client ·························194
cognition ·····················206
cognitive dissonance ·········213
conspicious consumption ········233
consumer·················15, 194
consumptive stratification ······231
cost ···························109
customer ·····················194
DAGMAR モデル ·············172
distribution channel ········63, 134
drive ·························200
Exposure ·····················167
final consumer ··············194
household consumer ········194
index ·························109
industrial consumer ········194
Long Tail ····················78
long-term memory··········207
market segment ·············52
market segmentation ········52
Maslow, A. H. ·············201
memory ·····················207
motivation···················199
motive ·······················200
Mushroom Theory ··········38
need·························200
opportunity ················42
　　──cost ···············29
perception ···················205
personality ··················226
personal selling ············176
Place ··························63
Portfolio Analysis ·········91
PR（public relations）······182, 183
Price ······················63, 108
　　──elasticity of demand ···110
Product ·······················62

i

《著者紹介》

小川純生（おがわ・すみお）

（現職）　東洋大学経営学部教授
　　　　マーケティング論，消費者行動論，演習その他担当

（略歴）　1982 年　慶應義塾大学大学院商学研究科博士課程修了
　　　　1983 年　名古屋商科大学専任講師
　　　　1988 年　東洋大学経営学部専任講師
　　　　1991 年　東洋大学経営学部助教授
　　　　1996 年 4 月～1997 年 3 月　オレゴン州立大学客員教授
　　　　1999 年　東洋大学経営学部教授
　　　　　　　　現在に至る

（著作）　『マーケティング・ノート』（創成社，2000 年）
　　　　『エッセンスがわかるマーケティング』（中央経済社，1994 年）
　　　　『消費者と所得―消費階層の出現―』（税務経理協会，1997 年）
　　　　『最新経営会計事典』（共著，八千代出版，1995 年）
　　　　『日本企業の国際化戦略』（共著，八千代出版，1991 年）
　　　　『経営会計ハンドブック』（共著，八千代出版，1986 年）

（検印省略）

2011 年 7 月 20 日　初版発行
2015 年 4 月 20 日　二刷発行

略称－マーケブック

マーケティング・ブック

著　者　小川純生

発行者　塚田尚寛

発行所	東京都文京区春日 2-13-1	株式会社　創　成　社

電　話　03（3868）3867　　　ＦＡＸ　03（5802）6802
出版部　03（3868）3857　　　ＦＡＸ　03（5802）6801
http://www.books-sosei.com　　振　替　00150-9-191261

定価はカバーに表示してあります。

©2011 Sumio Ogawa　　　　　組版：緑　舎　　印刷：亜細亜印刷
ISBN978-4-7944-2366-5 C3034　製本：宮製本所
Printed in Japan　　　　　　　落丁・乱丁本はお取り替えいたします。

───── 経営・マーケティング ─────

マーケティング・ブック	小川純生	著	1,600円
マーケティング・ノート	小川純生	著	2,100円
ブランド・マーケティング研究序説Ⅰ	梶原勝美	著	3,800円
ブランド・マーケティング研究序説Ⅱ	梶原勝美	著	4,200円
新 流 通 論	青木 均／石川和男／尾碕 眞／斎藤忠志	著	2,500円
国 際 流 通 論 ― 理論と政策 ―	鷲尾紀吉	著	3,200円
ブランドマーケティングマネジメント入門 ― ブランドを育てるあなたに ―	簗瀬允紀	著	2,200円
現代マーケティング論	松江 宏	編著	2,900円
マーケティングと流通	松江 宏	著	1,800円
現代消費者行動論	松江 宏	編著	2,200円
グローバル・マーケティング	丸谷雄一郎	著	1,800円
わかりすぎるグローバル・マーケティング ― ロシアとビジネス ―	富山栄子	著	2,000円
ITマーケティング戦略 ―消費者との関係性構築を目指して―	大﨑孝徳	著	2,000円
共生マーケティング戦略論	清水公一	著	4,150円
広告の理論と戦略	清水公一	著	3,800円
経 営 戦 略 論	佐久間信夫／芦澤成光	編著	2,400円
財務管理理論の基礎	中垣 昇	著	2,200円
経 営 財 務 論	小山明宏	著	3,000円
昇 進 の 研 究	山本 寛	著	3,200円
商店街の経営革新	酒巻貞夫	著	2,100円

（本体価格）

───── 創成社 ─────